Karl Sachs

Les auzels cassadors, poeme provencal de Daude de Pradas

publie avec une introduction par Dr. Sachs. Ire partie

Karl Sachs

Les auzels cassadors, poeme provencal de Daude de Pradas
publie avec une introduction par Dr. Sachs. Ire partie

ISBN/EAN: 9783744610605

Hergestellt in Europa, USA, Kanada, Australien, Japan

Cover: Foto ©ninafisch / pixelio.de

Weitere Bücher finden Sie auf **www.hansebooks.com**

Lors de mon séjour à Paris en 1855 je copiai le Ms. 55. VIII de la Bibliothèque de l'Arsenal (Belles lettres françaises) que j'ai mentionnée dans mes „Beiträge zur Kunde altfranzösicher, englischer und provenzalischer Literatur. Berlin 1857." p. 73. Comme ce Ms. est si mal transcrit que selon Mr. Guessard il semble être la copie de quelque goujat, domestique de Mr. Ste. Palaye, j'attendis que la bibliothèque Barberini fût enfin ouverte pour pouvoir en tirer une copie exacte du Ms.; mais cette Bibliothèque est encore une véritable forteresse où même Mr. Guessard, chargé d'une mission spéciale du gouvernement français ne pouvait pénétrer. J'ai mieux réussi quant au troisième manuscrit connu, sur lequel je dois quelques notices à la bienveillance de Messieurs Bofarull et Milá y Fontanals de Barcelonne, et de Mr. le Docteur Galadie de Vich, qui ont bien voulu m'en faire parvenir quelques extraits. Malheureusement ce Ms. qui appartient aux archives capitulaires de Vich, a été transcrit par un Catalan, qui a bien changé la forme des mots en y substituant la forme catalane, mais du moins le Ms. est complet et plus exact quant au nombre des vers que la copie du Ms. Barberini 2777.[1]) Mais comme je n'en ai reçu que peu de notices, me voilà pour la plupart des vers réduit à un seul Ms., ce qui vaut du moins grand'chose vis-à-vis des reproches tels que Mr. Paul Meyer m'a faits dans le Jahrbuch (tome IV. p. 78 note). Quoique je n'ignore pas qu'il est bien difficile de donner avec de tels moyens un texte tout-à-fait lisible, je vais pourtant publier ce que j'ai transcrit il y a 10 ans, et comme je pense pouvoir rendre aux amateurs un service tant soit petit, je ne serai point fâché de critiques du genre de Mr. Bartsch (Jahrbuch IV. 229 etc.), quand même il y aurait quelque chose à redire.

L'auteur du poème didactique est mentionné dans une des biographies publiées par Mahn (Biographien der Troubadours Berlin 1853. p. 11), qui se trouve aussi dans le Ms. 7614 et dans le Parnasse occitanien de Rochegude p. 86: Daurde (Ms. 7614 Daur, 7226 Daude, Supplément français 2033 Deude) de Pradas (2033 Prades) si fo de Rozerge (Rouergues) d'un borc que a nom Pradas qu'es pres de la ciutat de Rodes (sur l'Aveyron) IV legas: e fo canorgues (chanoine) de Magelona (patrie de Bernard de Treviez, auteur de l'histoire du Chevalier Peire, dont un Ms. se trouve à Aix sous le No. 201). savis hom fo, de letras e de sen natural. e sanp mout la natura dels anzels prendedors. e fetz chanso(n)s per sen de trobar, mas no movian ben d'amor, perque non avian sabor entre la gen ni no foron cantadas ni grazidas. — Bastero (Crusca provenzale 1724: p. 81) le nomme Deude di Pradas o de'Prati, de même que Crescimbeni (ed. 1730. vol. II p. 183), qui ajoute la notice suivante: vivea in tempo que mori Ugo Brunetto, cioè l'anno 1223 per la morte del quale compose una canzone (v. vita di Ugo: Crescimbeni II. 49. not. 5. Ms. 3204: canzone fatta nella morte di lui da D. di Prades). Millot (Histoire littéraire des Troubadours 1774. I. 315) en parle dans ces mots: Que veut dire l'historien provençal? une vingtaine de pièces qui nous restent de ce troubadour, sont pleines de galanterie et de sentiments amoureux, écrites d'ailleurs avec plus d'élégance ou bien d'autres, dont les auteurs eurent de la réputation. Deudes apparemment vécut loin des cours, de ce théâtre où les talents poétiques allaient chercher et la gloire et la fortune . . .; p. 318: une chanson (3) annonce un libertinage, qui pouvait contribuer au peu de succès de ses pièces; p. 320: il faut avouer que ce chanoine, jusques dans ses idées singulières de dévotion, n'avait rien que de profane. (comparez l'Histoire littéraire de la France XVIII. 558).

Nostradamus ne connait pas notre auteur, qui est mentionné de Raynouard dans le troisième et le cinquième volume de son Choix des Poésies des Troubadours et de Galvani (osservazioni sulla poesia dei trovatori Modena 1829, 354—89). Dans les différents manuscrits nous en possédons d'abord 26 **poésies lyriques**, dont quelques unes sont quelquefois attribuées à d'autres poètes: en voici les commencements en ordre alphabétique:

I. Ab cor leyal, fi e certa. Elle ne se trouve qu'au Ms. 7226, Mahn l'a publiée dans ses „Gedichte der Troubadours. Berlin 1856. I. No. CLXXXI.

---

[1]) Comparez sur cette copie faite pour l'évêque Torres Amat: Raynouard Lexique Roman V. 610, Bofarull La lengua catalana considerada historicamente: Barcelona 1858 p. 22, et Helfferich Aperçu de l'histoire des langues néo-Latines en Espagne Madrid 1857.

2. Ab (Rayn. III. 416 per) lo dou*.........re pa volha (Ms. 7226 (1); 7698 (2); La Vallière 14 (3); Supplément 2033 (4); Manuscrit de Modène F. 5 (5); Vatican 3207 (6); 5232 (7); Middlehill 8335 (8). Il prie son amie de vouloir bien lui parler *de la sorte*; *bels dous amicx verays be vuelh, que per mi siatz guays*; il envoie cette chanson à „Arle a do..........de R........".

3. Amors m'ajuda e-m somo (1. 2. 5. 7. 8; Bibl. Impériale 7225 (9); Suppl. franç. 2032 (10); Vatican 3208 (11); Manuscrit de l'ancien .... Charles Giraud:(12), dont le Ms. de Bologne 1290 (13) n'est qu'une copie; Laurentienne Pluteus XC: inf. No. 46 .... Md. de Florence Bibl. Riccardi 2814 (15); Venise Bibl. de St. Marc XI. CIII. 7. (16); Barberini 2777 (17) et Bibl. royale de Copenhague XLVIII Thott 1087 (18). Daude prétend être aimé d'une pucelle, mais il aime encore une „dompna bella, e quan truep soudadieira. guaya, deporti-m quossi que-m playa, e pertant no suy menhs cortes ves amor, si la part en tres. Le reste de la chanson, dont Rayn. (Lexique II. 387 ces, et IV. 125 maissella) cite quelques autres passages, donna lieu à la critique de Millot que nous venons de transcrire.

4. Ancmais hom tan be non amet (1. 3. 4. 5. 6. 7. 8. 9. 10). Nous en copions une partie: Jeu m'espert (v. Rayn. Lexique II. 518) totz cum l'esparviers que non si fersa ni sen can poder d'aygla-l sobrepren . . . Domna, selh que premiers trobet qu'om mescles fin aur ab acier pelh diaman que o requier mot gran cortezia-s pesset. Quar hom enten pel diaman quar es fortz et a vertut gran amors e l'amans es l' assiers (sic) e la domna es gaugz entiers e l'aurs es l'obra quan cossen, de totz tres fa l'obra plasen —.

5. Ay s'ieu pogues m'aventura saber (1.) voy. Mahn I. CXCIII.
6. Belha m'es la votz altana (1).
en am mai s'aquesta conquier
de benanansa ab un denier
qu'el souda ab corrossansa (Rayn. Lex. II. 476).
7. Be-m cuiava d'amor gardar (1);
la nuey quant ieu cug dormir,
l'esperitz vay-s ap lieys jazer.
8. Ben ay'amors quar anc me fes chauzir (1. 3. 4. 5. 7. 8. 9. 10. 11; Riccardi 2981 (19); 12; Bibl. ambroisienne R. 71 (20); Rayn. III. 414).
9. Ben deu solatz esser maritz (5. 7).
10. De lay on son tug mei desir (1. 2. 3. 5. 7. 8. 9. 10).
11. Del bel desir que-l joys noels m'adutz (1. 4. 5. 8. 9. 10):
mon cor qu'estai per lieys en crotz . . . .
12. D'ome fol ni desconoisen (12).
13. El temps d'estiu quan s'alegro l'auzel (1):
tenh vas lieys los huelhs del cor abdos. lieys on pretz pueia de tera a quart (Rayn. Lex. V. 5).
14. El temps que-l rossinhol s'esjau (1. 2. 3. 4. 5. 6. 7. 8):
l'uelh me son tornatz tng blau . . .; me mostret tan gran orguelh cum si tengues del mon la clau . . .; guerra captenh contra-l leo . . .;
15. En un sonet gai e leugier (1. 4. 5. 8. 9. 10) (Rochegude 86); en voici la fin: vai ten canso, no-t cal temer fol agur de cat ni d'auzelh, tro sias lai a'N Gui d'Uysselh.
16. No cugiey may ses comjat far chanso (1. 3. 4. 5. 7. 8. 9. 10. 11. 20); Daude parle comme dans la précédente d'un nommé Fols conselhs. membre li d'oc et oblit li de no (comparez Bertran de Born).
17. No-m puesc mudar (1. Rayn. V. 126).
18. Pos amor no-m val ni m'ajuda (2. 3. 4).
19. Pus merces no-m val ni m'ajuda (1. 5. 6. 7. 8).
20. Pus amors vol e comanda (1. 2. 3. 4. 5. 6. 7. 8; Ms. 7614. Mahn I. LXXXVI).
21. Qui finamen sap cossirar (1. 3. 4. 5. 8); après avoir chanté l'amour le poète s'adresse à la Vierge: qui novelh chan volra chantar, chan de Dieu chan sobre chantar, quar de tot autre chantador cug autre chan tornon en plor.
22. Si per amar ni per servir (1), adressée aux „lauzengier": dirai li segon ley antigua qu'en plor a tornada ma gigua, quar d'aisso fai aras plorar de que suelh rir' e joguar.
23. Sitot m'ai pres (1. Rayn. II. 314): il mentionne Andrieu.
24. Tan sen al cor un amoros dezir (1-10, Rayn. V. 126): il aimerait mieux avoir sa dame que d'être au paradis.
25. Trop ben m'estera si-s tolgues (1. 2. 5. 7. 8. 9. 10) Rayn. Lex. I. 427): il avoue bien naivement: „vos am aitan cum me", tandisque dans une autre chanson (1. p. 163) il dit: e si era neys en Yrlanda, de lai venria sai chauzir selha que-m saup al departir mon cor entalhar.
26. Un sonet gay e leugier (3).

II. En outre Prades est auteur d'un poème didactique sur les **Vertus cardinales**. (comp. Bartsch Lesebuch XVI, Heyse Inedita. 8, Rayn. Lex. I. 563. 70). Selon Mr. le Directeur Hollenberg, qui m'en a fait la description suivante, le manuscrit de la Bibliothèque de St. Marc CVI. 7 est un petit in-quarto, bien écrit et orné d'images; les poésies provençales commencent sur la 25 feuille, et aux feuilles 27—30 se trouvent les poésies de Bertran dal Born (sic); à la feuille 120 nous lisons: dici comenza el Romanz d'En Daude de Pradas: Honestaz et cortesia pessar tal re que bona sia. La première lacune dans la partie transcrite de Raynouard ne contient que 9 vers; chaque page a environ 32 lignes. La fin de l'ouvrage: „quest romanz es finit, dieus ne sia benesit" est suivie de la date de la copie: Anno domini M. CC. LX. VIII. II Kalendis Junii; et le temps où l'auteur a composé le poème se voit de ce que Daude l'a envoyé à Etienne de Chalançon, évêque depuis 1220 jusqu'en 1236.

III. Crescimbeni appelle les Auzels Cassadors Il Romanzo degli Uccelli Cacciatori riferito dall'Ubaldini nel catalogo dei Poeti Provenzali avanti la Tav. Docum. Am. Barb. del quale a suoi tempi se ne trovava una copia a penna appresso Mons. Gio. Battista Scannarola vescovo di Sidonia (v. Millot I. 321). Raynouard V. 126—136 et après lui Galvani 355 etc. en ont publié des extraits; Mahn Gedichte I. 200 etc. nous en a fait connaitre les premiers 272 vers, Bartsch dans son „Lesebuch" en a fait imprimer d'autres parties, et nous allons combler les lacunes, après avoir donné quelques notices sur les sources du poète et les ouvrages qui traitent le même sujet.[1])

A. Albert le Grand cite Aquila, Symmachus (Simchus dans le livre de Ryff), Theodotion (Theodotianis de Ryff) Epistola ad Ptolomaeum Philometorem, et XXIII. 7 Praeceptum Ptolomei regis Aegyptii, dont on eut bien des fables au moyen âge [v. l'image du monde (Paris Bibl. Impériale 7534. fol. 217. 203): Tolomeus li boins roi enquist la faiture de tout le monde — et Brunet Latin Trésor 13 r° 1]; en outre Falconarius in eremo alpium (chap. 8), Falconarius regis Rogerii, Guillelmi (Falkonierer Wilhelm de Ryff); Federici Imperatoris Falconarius (voy. le Ms. 216 de la Cathédrale de Tournay „De cura equorum" ouvrage de Jordanus Rufus, maréchal de Frédéric); Fridericus II de arte venandi (ed. Schneider). Notre poème qui a beaucoup de ressemblance avec le dernier de ces ouvrages, se rapporte au Rei Enric d'Anglaterra (v. 1899), à Alixandre (v. 2289) et à un ouvrage nommé Fesica (2261. 2265. 2306).

B. Parmi les Mss. qui traitent ce sujet nous mentionnons:

1. Ms. de la Bibl. Impér. 7627. 4[o] papier (comp. 7465 et 346 de l'Ecole de Médecine à Montpellier): Gace de la Buigne, jadis premier chappellain de tres excellent prince le roy Jehan de France ... Romans des deduis (des chiens et des oyseaux): XIV siècle.

2. Ms. de Versailles 7099[a]. Livre de l'art et science de faulconnerye: in-folio, papier; ce sont des règles sur le traitement des oiseaux de proie écrites par „Maister Moloyin, lequel a son temps fut fauconnier du prince d'Antioche, par Mr. Michelin, fauconnier du roi, et par Assir Casiran, grec de l'île de Rhodes"

3. Mss. de Bruxelles 510 et 511 de la Fauconnerie.

4. Escurial 963 caza de aves ò del modo con que se han de curar y de sus propriedades: 4[o] membr. du temps de Jean I.

5. Bibl. de St. Marc 4. XV. C. IV. 7: Mosmyn du gouvernement des Faucons et des oiseaux de rapine, traduit de l'hebreu. — Tarif des oiseaux de rapine traduit du Persan.

6. Supplément français 632[12]. 4[o] parchemin XIV siècle (aussi à Lille Bibl. D. L. 26, XV s). Ci commence le livre du roy Modus et de la royne Ratio qui parle des deduiz et de pestilence ... Au temps du riche roi Modus ! fu bien le monde em pes tenus | qui avoit le gouvernement | sur toute maniere de gent, riens o point faire ne povoient | se sa doctrine ne tenoient | car onques roi ne fu plus sage, | Dieu li donna a mariage | Ratio qui estoit si belle | onques dame ne damoiselle | ne fu si belle a mon devis ... Comme il hait la paresse il enseigne tous les deduis. Le prologue seul est en vers, le reste en prose: „Ci demoustre la matiere de quoi cest livre est fait 1) 5 bestes rouges 2) 5 bestes noires 3) de bestes rouges et noires que l'en prent a bissonner au fille 4) des 7 manieres d'archaerie 5) de prendre bestes engignceusement." Cette partie contient des tableaux allégoriques où le Christ est représente par un cerf, le diable par un sanglier. „6) de fauconnerie et comment il sont garis (fol. 53) a) de fauconnerie et de les guarir de leurs maladies b) d'espreveterie, (fol. 68 v°); c) du jugement du deduit de chiens et d'oiseaux; (l'auteur se decide en faveur des chiens); 81 v° explicit le jugement au compte de Taroarville. d) de prendre oiscians en toutes manieres. Après un songe allegorique de la pestilence (fol. 97), et comment les vertus en furent chassees, on lit l'an de grace mille CCCLXXIX.

7. Le Ms. d'Oxford St. John's College (68 fol. 69, voy. le Catalogue de Mr. Coxe), que Mr. O. Coxe, premier bibliothécaire de la Bodléienne a bien voulu me transcrire, donne une notice de l'aigle, de l'ostour, de l'espervier, du faucon et de l'esmerillon, le tout en prose en 5 chapitres.

[1]) Quand même nous ne pensons pas que Daude les ait connus, nous mentionnons les principaux passages des anciens sur la chasse aux oiseaux: Homère, Odyssée XIX. 435, Xenophon Cynégét. XII; Piston Nomoi VII. 823, Polybe XXXI. 22, Strabon V. 215; Elien H. A. VIII. 24; Philostrate Icon. I. 29, Apuyrie; Eumèle; Μαντίνου τοῦ Φίλη στίχοι ἰαμβικοί περὶ ζῴων ἰδιότητος; Εὐτέκνου παράφρασις τῶν Ὀππιανοῦ Ἰξευτικῶν; Παράφρασις τῶν Διονυσίου Ὀρνιθικῶν. — Pline VIII. 9; Quinte Curce 9. 1. 31 comp. Becker Charicles I. 231.

8. Malgré mes recherches je n'ai réussi à trouver à **Middlehill** le Ms. 8411 Morando Falconer de la generatione degli oselli de rapina. fol. XV.
9. Le Tresor de Venerie en vers par **Hardouin de Fontaines Guerin** 1394. (Cangé 64.)
10. Traité de la chasse en vers (Bibl. St. Victor 624).
11. Le Ms. Harlej. 975 (British Museum) parchemin du XIV. siècle contient (fol. 146b) quelques vers sur le traitement des oiseaux, composés en dialecte normand.
12. Aussi le Tresor de Brunet Latin (Bibl. Impériale 7066 Cbi commenche li liures del tresor lequel maistres Brunes Latins de Florence translate de latin en franchois . . .) nous donne quelques notices intéressantes, sur la feuille 70 v° 1, cap. 142 etc. [voy. Sachs Le Trésor de Pierre de Corbiac (Brandebourg 1859) p. 3 etc.]. L'édition du Trésor de Brunet ne m'est pas encore parvenue.

C. Parmi les livres imprimés nous citons:

1. **Guillaume Botta** de Milan livre de chasse, écrit pour Charles d'Anjou en 1254;
2. **Vincentius Bellovacensis** au Speculum naturale XXXI;
3. **Albertus Magnus** de Animalibus cap. XXIII . . . et son traducteur allemand:
4. Thierbuch Alberti Magni von Art, Natur und Eygenschafft der Thierer . . . durch **Waltherum Ryff** verteutscht. fol. getruckt zu Frkf. a. M. 1545; der ander Theil: Vögel. —
5. **Gaston Phebus**, conte de Foix (✝ 1391) continua en prose le roman de Gace de la Baigne sous le titre: Deduiz de la chasse des bestes sauvaiges et des oyseaulx de proye (voy. Auguis Les poètes français depuis le XII siècle jusqu'à Malherbes. Paris 1824. II. 134. Goujet IX. 113. et l'édition de Lavallée Paris 1854).
6. Le livre du faucon (publié par le Roxburgh Club London 1817. 4°. comp. British Museum 741. C. 12).
7. **Guill. Twici** venour le roy d'Angleterre Art de Veneria, (sous Edouard II) ed. Halliwell Reliquiae antiquae I. 149; v. Harlejan. No. 978. fol. 107. continué par Edward duc d'York (id. et Walpole Royal Authors I. 211 „Edward Mayster of the Game, on hunting, d'après un Ms. du Musée Britannique.) —
8. Le book of venery, of haukynge and huntynge, sous le nom de syr Trystrem est mentionné de Caxton dans son ouvrage: The byrth, lyf and artes of Kyng Arthur (London 1817. 2 vol. 4°. VIII. 3, vol. I. 250; Michel Tristan II. 168) et de **Juliana Berners** (prieure du couvent de Sopewell vers 1481) dans son Book on Hawking ou Book of St. Albans (ed. 1486 et 1496 par Wynkyn de Worde) voy. Warton History II. 366. Elle commence:

> Mi dere sones, where ye fare, by frith or by fell,
> take good hede in his tyme how Tristrem wol tell.

9. Halliwell I. 290—308, cite encore un book of hawking after Prince Edward King of England, selon le Manuscr. Harlej. 2340, et un poème français du XV siècle sur le même sujet (id. 310).
10. L'art de chasse aux oiseaux, traduit du latin de **Jean de Dampierre** de St. Dizier (Bibl. de Bruges 2282 v. Barrois Bibliothèque protypographique, et le Ms. 170 de la Bibl. de Genève);
11. **Weydtwerk.** Vögel zu fahen mit Raubvögeln. Strassburg 1530;
12. **Federigo Giorgio** libro di conoscere i buoni falconi. Venet. 1547. 1567. Brescia 1607.
13. **Jacques de Fouilloux** la Venerie Paris 1573. 1601. 1640 (Angers 1840); traduit en allemand Strassbourg 1591 (v. Raynouard Lexique 2. 133).
14. **Jost Ammon** künstliche Figuren von Jagd und Waidwerk Frankfurt a. M. 1582.
15. Libro de la Monteria que mando escrevir el roy D. Alonso de Castilla por Argote de Molina. Sevilla 1582.
16. Carcano detto Sforzino 3 libri degli Uccelli da Preda. Venetia 1585; la traduction française L'art de la fauconnerie du sieur François Sforzin Vincentin au Ms. 7099¹. en 3 livres commence: Voulant moy traicter de la faulconnerie ou de l'art de la chasse des oiseaux de rapine fault premierement scavoir .. voy. Paulin Paris Mss. vol. V. Ms. 7099¹.
17. Hawkyng, hunting and fishing. London 1596.
18. **Tito Giovanni da Scandiano** „della Caccia".
19. **Erasmo di Valvasone** „La Caccia", poème en ottaves en 5 parties dont la dernière traite des oiseaux de rapine. Il écrivit ce poème, publié en 1591, lorsqu'il fut bien jeune et il mourut en 1593 âgé de 70 ans. Je n'ai pas vu les No. 20—24:
20. Crescenzio;
21. **Lilio Gregorio Giraldi** Dialogismo IV de venatione accipitrum;
22. **Antonio Valli da Todi** della Caccia;
3. **Belisarius Aquaviva** de Aucupio;
24. **Jacob. Aug. Thuanus** de re accipitraria.

25. Carole d'Arcusia de Capre, Falconaria, se trouve en traduction française au Ms. 7099[4], où le traité suit celui de Sforzin (fol. 96) sous le titre de Fauconnerie de Charles d'Argusia seigneur d'Esparon gentilhomme provençal. 3 livres (ed. Aix 1598) avec une "breave autourserie du même auteur.
26. Jean de Franchieris la Fauconnerie Paris 1602 — v. Paulin Paris Mss. vol. V. No. 7099[1].
27. Fauconnerie (en 5 parties Paris 1615, en 10 parties Rouen 1644).
28. The noble art of Venerie or hunting. London. Purfoot 1611. 4°; il cite Trystram's lore, Phoebus, Powylloux Fol. 40).
29. Eugenio Raimondi della Caccia Brescia 1626.
30. Ballestero origen et dignidad de la caça. Madrid 1634.
31. P. Harmont dit Mercure: Miroir de Fauconnerie Paris 1640.
32. Adeliche Weydwerke Frankfurt a. M. 1661;
33. Robert de Salnove la Venerie royale Paris 1665;
34. Amad. di Castellamonte venaria reale. Torino 1674;
35. Gio. Pietro Olina Uccelliera overo discorso della natura, e proprietà di diversi uccelli. Roma 1684. 4°. 77 pages.
36. Ajoutez, les quelques parties du Perfect Angler de Walton.
37. Kreysig bibliotheca scriptorum venaticorum Altenburg 1750.
38. Bulliard traité de la chasse aux oiseaux. Paris 1818.
39. Grimm Geschichte der deutschen Sprache an chap. 4;
40. Schlegel et A. Verster de Wulvenhorst traité de fauconnerie Laiden 1844. 1853.

Dans la partie publiée par Mahn qui commence par le prologue, nous ne ferons que relever les variantes du Ms. de Vich, dont voici les plus importantes: l'en enuida (v. 2), es si dats (6), mentre qu'en bes mos talaus es (8); le 16. vers, jusqu'ici omis par tous les éditeurs se trouve dans ce Ms.: soven que d'auzel s'entremeta; le v. 22, que Rayn. et Galv. lisent: et aisi com laiuh, s'écrit: ayxi coscay los reclamon; Mahn en a fait: com tainh. Le premier chapitre commence au vers 33 et il distingue 3 classes d'autours de même que Frédéric II. 5 et le Trésor (fol. 70 V° 2). Le vers 40 est bien défiguré dans le Ms. V.: ungles longues alegre volt; v. 50 comme 37 ont domestechs; au v. 53 lisez linhatges; 58 le Ms. V. porte gavezar; 60 forestge. Au 2. chapitre on peut comparer Fridericus II. 2. quare foemina sit major masculo; corrigez une faute d'impression dans le texte de Mahn: consi deu hom conoiser austor cant es de bonas faisos, et au v. 68 te hom los femes per meillors. Le 3. chapitre s'appelle „destriansa de cambas d'austor," le 4. après le vers 120: consi deu hom conoisser austor sa. Au vers 123 le Ms. V. porte secudalo, celui de Paris la coda lo; 124 lisez: si-s fa; 133 commence par „e ve; 145 se lit dans R. L. II. 504: e si pels coutels l' als . . .; 146 Ms. de Paris: fort au lieu de tost; 155: mescadura, qui ne se trouve pas dans Rayn. doit être dérivé de mescazer et il signifie dommage v. R. L. II. 347; v. 158 = Ray. L. II. 268: budel, en anglais bowels, se trouve dans la chanson des Saxons I. 195: detranchent antrailles et boiax. Au vers 160 nous lisons avec R. L. III. 163 esmofida; le vers 162 s'explique par R. L. III. 362 et par la note de Tassoni I. 409 à la chanson de Petrarque 14. 4. Le vers 175 (du 5. chapitre consi a nom cascuna faisos) porte dans le Ms. de V: que no hi null malsa despera; la fin de 177 doit être: on las nars son (voy R. L. IV. 308); 188: auantal est le même que vantail et l'anglais avantaille (Chaucer 9080, Madden Glossary to Gawain 365); 195 Ms. de V. saysell, 196 sagell, 197 sesta, 199 comiats; 202 mudals pus; c'est le latin mutare; mausern, muer (R. L. IV. 281, Meon III. 273, Chanson d'Antioche III. 5; sparviero di muda (Cento Novelle antiche 64); 219 coral; 223 mejauas; 224 que las autras fan estar sanas; 226 clauson. Le 6. chapitre (consi deu hom conoisser esparvier de bonas faissos) du vers 243—252 se trouve dans Raynouard Choix V. 128, Galvani 359; comparez Fridericus 229: spercerii sunt minores aliis avibus de rapina. La partie imprimée par Mahn finit par le vers 272; elle est suivie du 7. chapitre: Destriansa (Ms. de V. Triança) de cambas d'esparvier.

    Esparver ab camba plumosa (v. R. L. IV. 576)
     defor que par cais qu'es ronhoza
  275 deu tot saur la sersela peure (R. L. V. 210: sarcelle)
     e podetz d'esparvier apenre:
    s'aquel eis a uns crozeta (R. L. II. 522: si celui-là a une petite croix au milieu du guidon droit)
     en mei de la destra sengleta,
     aqui on si depart la cailla.
  280 serselas pren, anetz e grailla. (R. L. 2. 85: canard, corneille)
      VIII. Conoisensa d'esparvier per volar.
    Esparvier que pois brugen (monte en brayant)
     com esmerillos que deisen,

sa presa pren per gran esfort (R. IV. 627 prqie, effort)
e peza li can re l'estort. (il se fâche si quelque chose l'en prive)
285 can mou, de lonh gran pessa sec (suit de loin longtemps)
et er greu si no i aconjec (attrape)
esparvier que vola suau,
pero si tot hom no l'au (le latin audire);
s'el es randonat solamen (R. l. V. 41: randonné)
290 e recueill sa presa soven.
IX. Conoisensa d'esparvier per coa.
Esparvier ab longa coa
petita preza te per soa, (tient pour la sienne)
si vola, sitot es coartz, (sitot = quoique; R. L. II. 420 coart = lâche)
e sel ab corta es auzartz (audacieux).
295 aisil que XIII penas au
en la coa, son plus prezan,
meills prenden son e plus isnel
e leu conaegon lur auzel.

X. Destriansa d'auzel nizaic e de ramencs (voy. Ms. 632. 12 fol. 68 v° qui distingue ramage et niais qui a este pris u ny; Tresor 72 r° 2: tous oisians veneours sont de 3 manieres: niaus, ramat, grifans — Fridericus II. 30: nidasii, ramagii.)

Auzel nizaic es plus arditz
300 d'autre e fai plus soven critz.
aiso fai el per segurtat,
car ab omes a tant estat.
„Niaicx (sic) es sel c'om a noirit (R. L. IV. 316)
„des c'om lo pres del ni petit.
305 ramencx es sel c'om pren el ram (R. L. V. 37);
„ab latz (lacet), o ab ret (réseau) o ab reclam (réclame).
Autres n'i a que son guirfanh (R. L. III. 468 n'a que girfalc, mais
la forme italienne grifagno correspond à la nôtre.)
c'om pren ab vesc (glu, R. L. V. 526) o ab eranh (araignée)
o ab autre calque esquern, (tromperie)
310 can ve a l'intrada d'ivern.
Aquist aun los huellls tan vermeills
com es de mati lo soleills.
mas avan veill que sappiatz
„que pos a manjatz sobreglatz (choses très glacées: R. L. III. 474)
315 „et hom lo pren, greu poira vivre,
car non al peitz sel gel deslivre,
car a'el [astes du Ms. n'a pas de sens) l.] casses (chassait) per si
meteis,
caut agra pres, aqui meteis
„el mangera pro de sa cassa (suffisamment de sa chasse: R. L. 2. 350)
320 „e pueis no [i]'ll feira mal la glassa (la glace = R. L. 3. 473),
mas hom non a ges tota via
carn cauda que ilt do tot dia.

XI. Destriansa de hueills.

Auzel nizaic non aura ja
aissi belh hueills com l'autre a.
325 quel qu(e) il tenh non a contrast
ja non er qu'el niaicx non tast
carn escantida, l'autre quier
cascun jorn so que i'a mestier.
ma[i]nja carn cauda tota ora;
330 c'anques dirn(a) tart o ab ora [dirnar, en vieux français disner: Fierabras 2979 (desirnar Bandello 3. 19), digner: livre des Rois II. 19—28,
Guillaume d'Orange 2. 1355 = diner, manger; comp. v. 486, 609]
e part aco defors estai
a la serena que pron li fai.

XII. Destriansa d'ausel fill (l. veill) d'ausel jove (voy. Rayn. Choix V. 129 et Galv. 360 pour les vers 132—39.

    Auzel jove fai auzel ros
    ab grossa mailla, ab ueills senros. (R. L. 2. 378: couleur de cendre);
335 arditz es, mas greu passara
    sinc ans, om tan be no-l tenra.
    Auzel veill fai sos auzels niers
    ab ueills colratz, s'aisi es vers: (voy. vers 95)
    sist valon mais e vivon pro
340 sol c'om los tenga per razo (pourvu que).
    XIII. Destriansa d'auzel niais e de ramenc.

    Auzel nizaic non estara
    ja tant selius cum l'autre fa (R. L. II. 377 = caché, du verbe latin celare.)
    ni non pren aiso gran sa preza,
344 mais ben a (Ms. tena, mais de cobezeza (convoitise) (comp. Fridericus 2. 30: nidasii sunt magis clamorosi et hiantes quam ramagii).

Le 14. chapitre se trouve dans le Choix de Raynouard V. 129; l'auteur parle d'abord du premier genre de fauceons, qui s'appelle lanier, et il continue au vers 357:

    aquist no son az-adobar,
    mas qui-ls pot be tres votz mudar,
    pueias prendon tot so c'om vueilla
360 ab sol qu[e] hom de-l(s) portar no-s dueilla.
    l'autre son be autretan gran,
    mas pauc volon e pauc cap a[u]n.

La partie suivante, lo segons linhatges (pelegris) se lit dans Raynouard V. 130 et IV. 486; comparez Frédéric II. 24, Albert XXIII. 8 et le Ms. 632[19] fol. 567[°]: grosses espanles et les elles longues gesans au bout de la queue come l. hole sanz eulx croisier par dessus . . . la queue de grosses panez bien moulues.

367 auzels es valens e cortes,
    de bon adop en totas res (R. L. II. 27).
    ben fai parer que estraubs sia,
370 aissi es de bona bailia.

Pour la partie: Lo ters linhatge (falcx montaris) et „lo cart linhatge falcx gruer" voyez R. Choix V. 130. v. 369—78; comp. Albert XXIII. 7. —

381 d'aquest tres dic comunalmen
    una re[t]gla d'eusenhamen
    que sel que a lo cap menor
    deu hom cauzir per lo meillor;

le reste (lo quint linhatge, guirfalc; lo seize surpunic) se trouve dans R. Choix V. 130 jusqu'au vers 391 après lequel se lit:

    per so m'en passarai de cist.

Les vers 393—401 (,del sete linhatge, britan) suivent au Choix (id);

402 aisi-ls destrenh paors e-ls serra.
    aigla non ouza ges parer
    lai on el l-a questa vezer (sic).
405 de totz auzels es lo maistre,
    rei o comte vol per ministre (R. L. IV. 235)
    o ric ome de gran poder,
    e s'es pros, fai lo mais valer.
    De totz auzels porta la flor,
    tostemps fai alegre senhor
    galaubier, prezan, amoros,
    adret (sic M. V, le Ms. de P. est illisible), cortes e vigoros (M. P. joios).
    e tug falco comunalmen (R. Ch. V. 130)
    lur senhor rendon plus valen,
415 tug falco son d'aital natura,
    que lur senhor per els melhura.

XV. Conoisenza cominal de bos falcos.
Lo falc que a lo pes fort gros, l. ls pes... e gros
genoills ront com ale sobros,
esgart salvatge, flameian (R. L. 3. 336)
420 hueills terrible de fer semblan,
las alas grossas per desus,
lai on lo jos estai enclus,
angles negras, longas e planas,
ben agudas, luzens e sanas,
425 sol lo cap sia per mezura,
bos deu esser e gran ren dura.
pero ben cassaria peitz (latin: pejus).
s'espes non era per lo peitz (latin: pectus)
sicom austor et esparvier
430 son cais princeps e cavalier,
li falco e l'esmerillo
cais primse e cavalier so.
XVI. Esmerillos e de lurs conoisensas.
(R. Ch. V. 131. v. 431—437. Alb'ert XVIII. 14.)
Esmerillos son de tres guisas,
car ben a un [las] esquinas grizas,

435 l'autre negras e son petit, ¹)
ramier fort e son abelit; ²)
l'autre son un petit majoret
e coma falc lanier blanquet. (= R. L. II. 222.)
aist valon mais e plus viatz
440 los a om del tot adobatz.
totz autre si faun a loirar (= R. L. IV. 93: leurrer)
coma falco et adobar
us estrag azis lur aven (accident étrange)
que-s manjo-ls pes, si hom no-ls ten
445 en linos o en tan de meill,
que non lur parescon l'arteill.
Eu ai las maneiras dichas,
los noms e las faisos escrichas
et aquels auzels que valon mais
450 e per cui hom estai plus gais;
pero car tuit home non so
a tal mestier valen ni bo,
en paucs de motz dirai breumen
cal i son bo ni conoisen.
455 Cant auzit o au[t]ra cascus,
adoncx sabra s'es d'aquel us.

Le commencement du 17. chapitre (Cals hom deu tener auzel,* se trouve dans R. Ch. V. 131, où le seul vers 470: e auzels fora de vi sen (M. V. nel tendra pro ren que lenseny) est omis devant la partie suivante, qui finit au vers 478.

car raumatz l'en ve qu'el trebola (R. L. V. 49)
480 e sas nars e-ls hueills e sa gola,
alas l'en corbon e l'en baison (R. L. II. 480),
pezoills et arnas l'en naisson
ja re que [il]-l des no[il]-l tenra pro,
mas un conseil hi á fort bo: (R. Ch. V. 132)
485 lave las mans e-ls hueills autressi,³)
mude vestirs e dirne si
tot enans que son auzel tenga,
perso que mal de lui no-[il]l venga.
d'ome putnais es ben defuitz (M. V. pudriax)
490 que no-[il]l cove(n) aitals desduitz,
e dirai vos razo perque,
car tot l'umplis de son ale.
vomit li fay ais e bistoc (R. L. 2. 41)
e de vezer que hom no-l toc,
495 pezau lo fai e malprenden
resier fe lo mal talen. (fol. IV verso)
d'austor e d'esparvier si gar,
mas ab falco pot ben jogar,
car falcx laniers es d'aital mena
500 que sofr' e leu pren[n] aiz alena,
perso non deu hom ges pauzar
en una perga ni estar
austor ni esparvier ensemps
ab tals falcons en negun temps.

505 „nuills hom escas, cobes d'aver, (R. L. III. 148)
„afazendatz, non deu tener
auzel; perque, dirai vos o:
car ja non er nuilla sazo,
que en autr'afar non entenda
510 e tot lo jorn l'ave fazenda.
de son auzel l'ave pensar
o so que no ten a portar,
que ja non er asazonatz (R. L. V. 165)
per lui [en] tro que si[a] afolatz.
515 guerra ni joc ni trop dompnei
non vol auzel, et a ben drei
totz hom deu saber aiso be
c'auzel ab escut non cove.
encaus e fugir si fai mal
520 ades uol part e bon anral
e qui de joc es trop coitos,
no pot tot jorn esser joios,
car hom per re no s'irais tan
coma de joc si'n fai son dan,
525 e qui trop en dona s'enten,
un jorn en pauc d'ora despen,
car s'ap sa dona estai un an,
a lui non se[t]ra semblan
que i agues neis un jorn estat,
530 per so son auzel oblidat.

¹) lo Ms. porte 2 fois laure. ²) M. V. rauturier — e ab aleta.
³) comp. 632, 56 v.º qui a un fauton nouuel, il doit auoir nouuel arroi, comme un gant bel et nouuel de cuir de cerf et li doit l'en faire gieç de cuir de cerf mol et patens et une losse de bon cuir laquelle doit estre attachiee au gant et doit estre pendue une brochette a une cordelete de la quelle l'en doit manier et aplainer le faucon. —
Frider. 2 47, 220: habeat chirothecam in manu super quam portare debet falconem, longam aeque ad cubitum et amplam ut cito possit indui et exui, quae debet esse de corio grosso.

XVIII. De cal guiza deu hom paiser auzel,
entro sia creguts del tot.
(R. Ch. V. 132. v. 532—553. Galv. 367. Frideric. 2. 33.)

Apres lur paison de manjar [1]
auzeletz petitz lur pot dar
aissi com son li passero
e l'autre menut auzelo;
535 fol. IV. 2) carn de galina lur es bona,
cant hom de fresca la lur dona;
alcuna vetz cor de mouto [2]
qui-l lur dona, asatz es bo;
mas qui lur dona trop soven
540 car(n) de mouto, contranhemen
de nervis o trop mal lur fai
e de creiser trop los retrai;
pero una vetz la setmana
lur es assatz bona e sana,
545 aiso coven be a membrar
que tot an deu hom trisar [3]
„sobr'una post menudamen
so que ill man premeiramen, (Vich. manjon)
e pueisas, ab una broqueta,
550 que non sia trop agudeta,
hom los pasca tot belamen,
non trop ensemp ni trop soven;
de catre vetz lo jorn n'a pro
e garde be c'om non lur do
555 mas d'una carn az una vetz.
can pedrino aguell malveta [4]
padeladas lur coven far,
can son petitz per esforsar,
e neis aprop pos tot son gran
560 si las manjon, pro lur fan.
d'ueus cueitz en fuec dur lur pelatz
e de la sotil pel los mundatz, (R. L. IV. 286)
car el es greus a degerir
perque no lai deu hom gequir.
565 deu hom faire la padelada
en fort escudella crozada, (R. L. III. 160)
on non aia nuill tems agut
aill ni pebre ni ren sabut.
don el aia preza sabor
570 tal c'al auzel non fos pejor.
los huens deu hom fort ben truzar,
en un pauc de lait fresc mesclar
tot cant aisi com hom lo mous
o de buire qui-l troba dous,
575 tot fresc e net e bon e bel,
pueis o do hom a son auzel,

e s'el o met cais en soan
can si nera pauzat denan,
car lo veira cais ros e blanc
580 quel o tenha d'un pauc de sanc
d'una galina, pueis de nueitz,
cant de triar non er tan dueitz,
ab candela hom lo ill dara.
pos una vetz manjat n'aura,
585 non a mestier pueis hom la ill tenga.
car tart l'es denan si la tenga.
„cant hom ve l'auzel esforsar (R. L. V. 467)
„e las penas fort ben gitar,
„lo soleill a mestier l'enbiasca,
590 mas non ges tan qu'envanoisca,
mas s'aferma per mi conseill:
meia en ombra, meia en soleill
estia pueis, can si volra,
ombra o soleill cauzira.
595 aprop cant es plus esforsatz.
eper las alas cais egatz,
hom lo somonha de banhar,
en la ferma se deu pauzar.
l'aiga el vaisel sia dorna,
600 si-s banha, molt l'er grans sejorns.
„far li deu hom pergueta bassa [5]
car sella no-l nafra ni-l cassa
ni a montar ni a deisendre,
e so deu hom fort ben entendre
605 que pueis li sera ben veiaire
qu' il pogues per de ferma traire
no lor traga per nuilla re,
car en loec no-s ferma tan be
cant a gitat tot lo desai [6]
610 „c'om apela pel foleti
et a las alas ben formadas
e las penas totas gitadas
de la coa si com s'atanh.
que nuilla re non li sofranh,
615 hom lo deu de VIII jorns laisar,
en la ferma per meills fermar
fol. 5 r° car en sanc jatz la pen' encara
e val ne meins qui non lo gara.
VIII jorns o plus si com dig ai
620 car nafrar-l-a qui enans l'en trai.
adoncx lo tenc (ieu) per fermat.
. . . . [7]
cant hom son auzel ueira tal,
be-l poira traire del ostal
625 cant a estat tan longamen
mas be cove . . . .

Pour ce vers le Ms. nous fait défaut; la partie suivante XIX. dont le titre est dans le Ms. de Vich:
quan ne com tinga hom auzel de niu, de même que le XX. chapitre (Consi deu hom tener l'auzel
can l'a gitat de gabia en ensenar d'esser privan [sic]) se lisent dans le „Provenzalisches Lesebuch de Bartsch
p. 127; mais nous mentionnons que les vers 645 et 646 (31 et 32 de l'extrait) se trouvent ainsi au Ms.:
e porte-la hom en un pauc desc (comp. Frideric. 2. 32 ponet eos in calatho, et R. L. 3. 27).
e desobre sian li ram fresc.

[1]) Guessard propose quant en lieu de lur, qui se lit au Ms. de Paris. [2]) Vich. carn de molto v. 540. [3]) R. L. V.
425 sans deu. [4]) ce vers ne se trouve qu'au Ms. de Vich. [5]) R. L. IV. 519 petite perche. [6]) R. L. III. 349 as et III 2⁸.
[7]) le vers 622 manque au Ms.

XXI. Enquera mais d'ensenhamen (d'auzel
       enauzelar).
       „Enquera vueill demonstrar (R. L. 2. 155.)
       „com deu son auzel enauzelar,
 750   cant es privatz e ben maniers
       e conois hom que volontiers
       penria cassa si luecx era,
       e mas encara no-l es fera,
       hom lo deu pauzar al escura
 755   e deu l'antressi donar cura
       que no ill do manjar com sol,
       pero ben dic que per mon vol
       l'enauzelara (hom) ben gras
       c'aisssi-l trobara hom meills las.
XXII. Consi deu hom enauzelar esparvier.
 760   Esparvier novel e mosquet (R. L. IV. 273)
       deu hom ap petit auzelet
       afaitar al comensamen (dresser)
       e que secsec non es rien, (R. L. V. 179 de suite)
       una alauza li gitara
 765   luench de vila en un pla
       on non aura negun boiso
       ni bosc ni alberc d'eviro, (fol. 6. recto l.)
       „car p̃er bosc deve rabiniers ¹)
       „e per boissos deve ratiers.
 770   esparvier e mosquet mudat
       a hom plus leumen adobat
       ab capela et ab nozols. ²)
       austor cant es saure o tersols,
       denem ab colom afaitar
 775   o ab qailla e deu gardar
       tal loc que ben deslivre sia
       e autresi inalvetz ne penria.
XXIII. Consi deu hom auzel adobar en
        ribeira.
       Cui vol adobar en ribeira
       ops l'a que anet salvatge queira,
 780   pueis l'en ira uns autre ab lui
       que pro n'i aura si son dui.
       ensemps tro a l'aiga iran.
       cant en la ribeira seran,
       sel que te l'anet, remanra,
 785   sus en la riba l'autre ira,
       cais espingan tro que venga (epiant)
       qu'en autra vetz hom l'escrit.
       sel que te l'anet no s'oblit
       c'al plus ant et al plus rescost
 790   que poira, li get l'anet tost
       ves l'autra riba, quan veira
       l'austor l'anet, de seu ira
       en la riba cazer ab ela.
       non er tan mala ni tan fera
 795   qu'el fort li plumara los costatz,
       car er de plumar adobatz.
       hom li do lo cor a manjar
       c'aiso fai be a remembrar
       que dos morsetz o tres ses plus

800   (fol. 6 r°. 2) per tal que sia plus enfrus, (en appetit)
      deu hom a son auzel donar
      tot avan que lo deia gitar
      e de premier a tot auzel
805   sol que no-l ueia trop isnel
      ni trop petit l'en deu laissar,
      si l'en pren volontat d'anar.
      a mosquet o a esparvier
      mostra hom calls de premier
810   „o perditz jove que volar (R. L. 2. 409)
      „no sap ni a cluza tornar,
      mas a terzel o az austor
      mostre hom la perditz major
      o graille o galina sega (R. L. 2. 370)
      car volar-l'en-a coma pega.
815   can seran be acostumat
      de penre e ben adobat,
      hom los giet az autres auzels
      plus grans, plus fort e plus isnels.
XXIV. Consi deu hom gardar (Ms. V. adobar)
       auzel jove.
      Aisso non deu hom oblidar
820   que auzel jove si deu gardar
      „entroque sia ben trenspatz (R. L. V. 317)
      „no trop freit, ni trop acalinatz
      e majormen can si noiris
      e que gieta petit cosis
825   de manta o de nepta lai,
      on l'auzel sejorna e jai,
      trop ne val mais ab sol que i jassa
      fueilla de sauze per la plassa, (saule)
      on si pauze quan lo volra.
830   la perga de sauze sera, (R. L. V. 160, 154)
      o de sap o de fust leuger (sapin-bois)
      „non ges de bois ni prunier. (R.L.IV. 262: buis)
      enquera dic: a tot auzel
      jone de sanc e de servel (cervel)
835   d'auzel tenre deu hom donar,
      cant o pren per escalentar
      d'esser volentos e volan
      a tot lo meins lo premieran,
      enquera dic per meillurar
840   car es jones, non deu estar
      en negun luec aissi reclus
      que no i aya calque pertus,
      per on ueia calque lumet
      „o per postat o per paret = (R. L. IV. 617).
XXV. Consi deu hom adobar falc et esmerillo.
845   Falcx, esmerillos e moiseta
      volon que hom en loire meta = (V. valon)
      sella carn que es lur reclam
      e pueis cora qu'el a coit' e fam
      desqu'el loire aur a vezat (habitué)
850   (fol. 6 verso l. 2) et hi venra tost abrivat
      „mas can lo veira apropchar, = (R. L. IV. 93)
      „lo loire deu hom lai gitar;
      „pero tot[a] ora li sovenha

¹) = R. L. V. 43 il devient impétueux.   ²) Au vers 676. nozels v. R. L. IV. 330.

„qu'el loire per la corda tenha.
855 can falcx es fort be aloiratz
 e ben maniers e ben privatz
 hom li deu la grailla mostrar
 o saucala o colom[s] favar (R. L. 2. 358)·
 o anet veill o sersela, (V. sarteyla)
860 e s'el si vol lassar ab ella, (V. fexar)
 laise lai hom fort ben plumar
 e mangen pro so denha far. (V. e mengua per
   suy denya far)
 esmerillo saur [vol] de premier
 afaitaretz com esparvier,
865 „mosqueta es tant rabineira (R. L. V. 43)
 „c'ab so que pren vay sa carreira ¹)
 „e pert se pueis per sa rabina.
 perso ill fai hom aital metzina
 c'un petitet dels arteilletz (R. L. II. 128)
870 dereire can los a tendretz
 si tol hom e d'aco dol si,
 perque no fai pueis enaisi.
XXVI. Consi deu hom adobar esmerillo
   o far montar.
 Si faire be montar voletz
 esmerillo, vos a lui queretz
875 un' alauzeta ben penada,
 non ges corta ni razonhada,
 „pueis l'estacaretz ab un fil (R. L. IV. 77)
 „o ab un linhoret sotil, ²)
 pueis gitas la aut de rando
880 et uns autre d'esmerillo
 e l'alauza deisendra tost.
 un pauc la tenretz a rescost;
 pueis gitar-l'-etz autra vegada,
 mas ges non er assegurada
885 ni non aura ni fi ni treva (l. trega, R. L. V. 409)
 que l'esmerillos non la sega.
 „et el deisendre vistamen = (R. L. IV. 70)
 „per liamet que el pe sen. (petit lien)
 la tersa vetz vos lo gitatz
890 tost sest liam on mais puscatz,
 ella sentir-s-a desliada
 e del esmerillo coitada
 e mostrara senes bistensa
 e s'esdene c'adoncx la vensa.
895 l'esmerillos a l'autra vetz
 mostrara meills on qu'el gitetz.
XXVII. Una retgla d'apelar austor o esparvier.
 Aisso fai ben a recordar
 c'austor non deu hom ges gitar
900 ni esparvier neguna ora
 son reclam per nuilla demora
 que fassa de venir a ponh ³)
 asatz nel mais que hom li ponh
 lonc temps entro que veng' a ma
 o-l lais estar tro lendema
905 e lais un hom sus a qui
 que lo ill garde tro [a]l mati:

XXVIII. Consi deu hom gitar az auzel
   campestre.
 A tot auzel comunalmen
 de gitatz es contra-l ven,
 mas al plugier que tan apertz
910 si fai que sias ben cubertz,
 som lo gieta enapres terra
 enaisi com lo vens deiserra
 a penas auzel hi consec, ⁴)
 aitot a paucx hueills e lonc bec.
XXIX. Consi deu hom gitar auzel de ribeira.
915 S'auzel que en ribeira jatz,
 aual lo ven ades gitatz,
 si qu'el vens lo sotzprend' e-l port
 a l'autra riba tot per fort,
 et adoncx se l'auzel lo pren,
910 en sec caira tot belamen.
 se trobatz auzel de ribeira
 en camp, gitatz d'aital maneira,
(fol. 7. 1.) com feiratz s'auzel de camp fos,
 car si-l gitatz, es lo plus bos.
XXX. Consi adoba hom auzel can no vol
   penre so que dearia.
925 Entro aisi ai racomtat
 dels auzels com sion adobat,
 pueis que son gran e ben noirit
 e de totz lurs bons aips complit[z].
 hueimais vueill dire o retraire,
930 s'auzel es aitan de mal aire
 que so que deu, non vueill apenre.
 prendetz de caru d'un auco tenre
 „o de vaca o de ponzi, (R. L. IV. 590)
 e si la metetz en un vi
935 o en vinagre si us voletz
 o de tal guiza lai metetz
 que tota dedins si s'esconda,
 de miei jorn a nona l'aonda.
 del estar adoncx s'en traetz,
940 entre dos fantz(?) l'estrenhetz
 tan fort qu'en iesca sill humors
 c'avia preza d'aillors,
 d'aco vostr' ausel paiseretz,
 pueis en luec escur lo metretz,
945 on estara tro al mati.
 adoncx l'en daretz autressi
 „de lenga de porc ben pelada (R. L. IV. 484)
 o pe de porsel si us agrada,
 „per tal que meills si estir. (= R. L. V. 365)
950 can le ill auretz bo fait sentir,
 vos lo tornaretz a l'escura,
 car lai s'enardis e-s meilhura
 e can venra ves l'anesprir,
 seguramen poiretz issir
955 ab vostr'auzel e gitat lo
 a tot auzel que per razo
 deis penre que be-l pensa,
 si per mal gitar non resta.

¹) V. fuig volenteyra. ²) cordonset délié R. L. 4. 77. ³) le Ms. porte: de venir. ⁴) v. R. L. V. 180.

XXXI. Consi deu hom dezencarnar auzel.
Si vost(r)auzel es rabiniers,
960 so es que porte volontiers,
cant (a) pres de rando sa preza
no per mal ni per cobezeza,
mas per dreit poder de volar,
que no-s denha de se pauzar,
965 o si fai neis per raubaria
e volontiers si s'escondria,
gitatz lo a major preizo.
can l'aura preza, giquet lo
estar desobre et esperar
970 molt longamen, e de plumar
e de manjar lo sensonetz,
espessamen, pueis lo paisetz
aqui a terra bellamen
tot per lezer a son talen.
975 tres jorns o catre faitz aisi,
al quint jorn suretz sutressi
autr' ausel ab un companho
e can lo vostre de rando
e d'autra guiza pres aura
980 et en terra pauzatz sera,
lo companh ab lo sieu deu ponher
aisi com si-s volia jonher
ab lo vostre que prepaire
ab sa preza non si vaire,
985 tal paor a que la prezes
sel que sobrevengutz es.
XXXII. Cant auzel es trop frevols.
Can vostr' auzel es freuoletz,
paisetz lo d'ausels menudetz,
datz li soritz e tan soven,
990 „e carn de cadel non vezen (R. L. II. 307)
„ben l'esforsa e l'asazona.
. . . . .¹)
XXXIII. Consi te hom son auzel amoros.
Si voletz vostr' auzel vos am,
amatz vos lui e ges ab fam
995· no-l cugetz far privat ni bo;
ab gen tener, ab manjar pro
es auzels maniers e privatz
e de senhor enamoratz,
c'aitals com soi ieu per ma fe(?)
1000 c'autramen senhor non pretz re.
pero ben es plus amoros
fol. 7. v°.) e'n(de)ve plus tost totas sazos
s'ap canela l'enpolveratz
sa carn e de mel la moillatz,
1005 la polvera ab mel tenretz
ab brostia e cascuna vetz,
que-l voltretz paiser, vos pauzatz
la brostia vezen lui al latz
e davan lui d'aqui penretz
1010 so que el reclam, pauzarel,
la brostia er tota vermeilla.
can la veira e s'apareilla.

on qu'estia dese viara (l. venra)
ves la doussor qu'el mels hi fa.
XXXIV. Consi adoba hom pena plegata.
1015 Si vostr' auzel la pena plega (R. L. IV. 561)
de la coa per mala preza
que mene en perga o en ponh
de tost dreisar si do hom sonb,
car leu si poiria brizar
1020 mais aisi lo poiretz dreisar:
queretz dos vaiseletz prions,
engals per boca o per fons
d'aiga freida los umpliretz,
l'autre de cauda, pueis metretz (le Ms. laure)
1025 en la prima premeira vetz,
en la cauda, pueis eisamen
. . . . ²)
en la freida vos la metretz
gen, aprop vos pauzaretz
1030 vostr' ausel per meills esnegar
en luec privat ab soleil clar.
deisar pot hom deliei ramet (l. dreisar, dresser)
pena plegada autran met
que non penra ni dan ni tala
1035 e ja en coa o en ala.
„un cor de tros cozetz el fuec, (R. L. II. 473)
partetz del lonc per mei lo luec
entr' ambas partz e vos colgatz
la pena e tan lai tengatz
1040 entro qu' el tros sia ben freitz
e-l capos de la pena dreitz
car veramen si dreisara.
so ditz sel que esproat co a,
„pero aitant hi valria (R. L. V. 27)
1045 „una raba qui l'auia.
XXXV. Cant auzel laissa trop tost so que pren.
Si vostr' ausel trop tost dezampara
so que pren, que ges non o gara
tan com sia a lui vengatz,
gitatz lo az auzels menutz
1050 [a] tal qu'el puesca retener (leu)
aprop cart jorn non er (ges gren) ³)
que plus grans auzels be no prenda (sic)
o destrechamen [ben] no-l retenga, (?)
car cujaria tan frevols sia
1055 com aquels que penre solia.
XXXVI. Cant auzels fui so que peca a penre.
Si vostr' auzels volontiers fug
cant sos sabers li torna az enug,
so es cant a faillir en penre
trop a de graissa lo cor tenre
1060 c'auzels gras ab pena saura
volontiers torna non a si cauza,
perso tanh l'om en aiga freida,
. . . . ⁴)
„apres meta l'om al soleill, (R. L. II. 476)
1065 „on neguna res no il coreill,
„mas be peluge e-s peronga. (R. L. IV. 487)

¹) Le vers 989 manque dans le Ms. ²) un vers manque. ³) Au Ms. les vers faissent per retener et er. — ⁴) aussi le vers 1060 manque au Ms.

```
          „tro al vespre que fams lo ponga.                    lo col de la testa plus pres.
           e can venra ves l'ora bassa                         lo cuers se revers[e] et enapres
           car adoncas auzels no-s lassa                 1120  se la pluma dedins rema,
    1070   de segre so don a talen                             pueis la te hom estreit el ma,
           et hom lo giet seguramen,                            pauc son meins grossas d'una notz
           pero si vostr' auzel si pausa                        e cais longuetas per desotz.
           per vetz o per graissa o per aura                    auzel que non manget anc,
           fai on l'aiga cor lo queretz,                  1125  las moille hom d'un pauc de sanc
    1075   car aqui trobar lo devetz,                           et en aprop de molt gran list (sic Ms.)
           e s'estanhatz, troberes lo                           avan qu'el sol o aia vist
           en majors albres d'eviro.                            perso que plus tost lo trazisca
           „auzel que volentiers si gieta   (R. III. 47)        e la pluma dins no sentisca
           „en aiga, tenetz en dieta,                     1130  l'un aprop l'autra molt corren
    1080   car per trop graissa s'esdeve                        hom li dara pueis bellamen,
           o per febre si ten dese.                             pasca l'om de carn bon' e bela
    XXXVII. Consi deu hom paiser auzel qui                      tota fresqueta e novella.
             pren.   (fol. 8. r°.)                              cant aura manjat, hom lo pauze
           Auzel qui pren, non paiseretz                  1135  en luec o a sa guiza pauze,
           ja en ivern mas una vetz,                            so es la perga on pauzar sol,
           so es cant aura gazanhat.                            e fassa hom bel desotz lo sol.
    1085   si-l voletz tener adobat                             pueis estei a sejorn aqui
           si-l no pren, sel jorn tenetz lo,                    que no-s mova tro al matì.
           aprop nona tot per sazo                        1140  adonc aura gitat sa cura
           no mange tant az una ma                              sinon o a per aventura,
           que[i]ll trop hom gorga lendema.                     tenga hom e tenga lo el ponh
    1090   auzels que non pren negun' ora,                      can a bel e donas sonh
           devetz paiser tant o ab ora.                         cora que gieta la plumada
           pero ab ora si donatz                          1145  si la gieta coma glassada
           pauc a manjar et ab tart asatz,                      „e vescoza plena d'umors ²)
           c'autramen non a sejorn                              fait li aura cara secors
    1095   si doas vetz manja lo jorn.                          si la gieta seca tenen.
    XXXVIII. Cant auzel no vol manjar tan can                   l'auzels es sas que mal non sen.
              deu.                                       1150  l'auzel que soven non cassa,
           Si vostr' auzel non vol manjar                       no tanh que pluma dol fassa,
           so es tan com deuria far,                            car auzels prendens per costuma
           una polvera faretz                                   gieta soven o fetz o pluma (fiente).
           de salvia c'als no-i metretz.            XLI. Consi deu hom donar cura az esparvier. ³)
    1100   „d'aco bregatz lo paladel ¹)                         Az-esparvier o a mosquet
           „e la lenga del vostr' auzel.                  1155  deu hom donar d'un auzelet,
           et en nars l'en gitaretz                              o de soritz fai hom la cura
           ab cant en tres jorns tres vetz,                     petiteta segon mezura.
           et antretan paisetz lo be                            no pren mas una piloteta,  (= R. L. IV. 541)
    1105   d'ausels petitz tot az esple. (abondamment.)         car no cal que ja plus hi meta.
    XXXIX. Una retgla de tener auzel ben sa.        XLII. Consi fai hom az auzel que non vole
           si voletz vostr' auzel tener                          can l'a donat.  (fol. 8 v°.)
           sa et isnel, ja son poder                      1160  S'avez auzel que non ametz
           no-[i]l fassatz far so es nuill temps,               e per so donar lo volretz
    1110   ni-l giretz az-ausel trop fort,                      et aprop can l'auretz donat
           car per re tan leu non pren mort.                    auretz de-l cobrar voluntat,
    XL. Consi deu hom donar cura.                               en aital guiza o faretz:
           Cui bona cura donar vol                         1165  un' aguileta sercaretz
           o a [aux]anstor o a tersol,                          molt cortela e molt sotil
           tres pilotas li deu donar (pilule)                   c'om non i puesca metre fil.
    1115   de pluma e si las deu far                            si l'aguileta ficaretz
           de cuer, de del col d'una gallina                    del logal plus dreit que poiretz
           o de coloms lai on s'alzina                    1170  al vostr' auzel per lo poeronh,
                                                                ja pueis en perga ni en ponh


    ¹) = R. L. III. 393 frotter le palais.  ²) = R. L. V. 596 visqueuse.  ³) voy. Brunetto Trésor 7060 fol. 720¹ chp. 145
```

```
              no-s moura ni cor non aura
              de volar tan cant i sera,
              mas apres can l'aures cobrat
       1175   e l'aures d'aco deslivrat,
              el volara tan volontiers,
              que es maniers. (le vers est incomplet au Ms.)
XLIII.  Consi fassa hom desconoisser autrui
              auzel.
              Sivos autrui auzel trobatz
              e-us ven en cor que-l retengatz,
       1180   enaisi-l poiretz desguizar
              c'om no-l poira per sieu triar,
              ni cuit que s'el lo conogues
              qui l'a noirit, e si cuilles,
              „d'escorsa de vernh faitz leisiu ¹)
       1185   e banhatz l'en be tro al vis
              lo peitz e-l ventre e-ls braguiers,
              et er plus ros que uns surgiers. ²)
              e so que davant blanc era,
              can volres si la color fera
       1190   ostar de lui, si-l lavaretz
              d'aiga tebea per tres vetz (latin: tepida)
              c'aissi perdra sella rossor
              e tornara en sa color.
XLIV.   Consi den hom auzel gardar de freit.
              Si voletz vostr' auzels gardar ,
       1195   de freit als pes senes folrar (fourrer)
              del pel la perga on estai,
              de fust veill aissi com dit ai,
              si faitz sa perga en ivern
              e non o tengatz az esquern.
XLV.    Cant auzel si franh la pena d'estors.
       1200   Si vostr' auzel per torsedura (entorse)
              n'a cais fraita la pena dura
              en calque part la pena sia,
              dreisar la den hom tota via.
              qui non la dreissa, leu se briza
       1205   dreisar la pot hom d'aital guiza:
              la franhedura liaretz
              ab un fil al meills que poiretz
              e per so que meills o teng[h]atz,
              ab siga cauda l'atrempatz,
       1210   pueis metetz un' agulha prima,
              de lai en la pena s'aprima
              deves lo blaue tot suauet,
              ades torsen que acomet ³)
              e cant er per mei sel endreit
       1215   on auretz ab lo fil estreit
              e ill pena estara engal,
              movetz n'el fil que mais ne val,
              si l'aguileta si tenra
              que jamais non tanhera.
XLVI.   Consi tenga hom auzel com calque
              metzina.
       1220   Aisso vueill be que venga en plassa
              que calque forsa que hom fassa

              „a son auzel enmaillolar,
              lui deu hom be los pes liar.
              pueis lo pot hom plus leu tener
       1225   a sa guiza ses meins valer.
XLVII. Consi adobe hom pena fracha.
              Si vostr' auzel a pena fracha
              en tal luec que ill fassa sofracha,
              escantisca l'om ben e geu,
       1230   e poiretz entendre comen:
              la peha qu'es fracha trencatz
fol. 9 r°.    pres del cano, on meills puscatz
              so bren fazer, molet e pla
              cais contraual, car aisi-s fa
              plus adreitamen e plus be
       1235   la pena que aqui cove
              d'aital luec com la fraita es.
              si peura c'autra no-i valgues
              e deu esser d'auzel plus pauc
              qu'estiers non intra en sel trauc (trou)
       1240   lo canos del' autre cano;
              si paucx non era per razo,
              lo cano deu hom be trempar
              en l'autre per meills intrar,
              e deu hom estrenher avan
       1245   ab un filet, mas non ges tan
              que meru'el trauc mas que desenda,
              cant l'autra intrara que no-l fenda.
              cant er l'un en l'autre intratz
              et aissi com den ben alogatz,
       1250   ab un' aguilleta sotil
              los trauc om be e pass'en un fil
              ab que ambedos los estrenga
              per so que l'uns en l'autre-s tenga;
              „car plus fortz es tals liadura, (R. L. II. 369)
       1255   „non es sella cavilladura,
              „que de tals n'i a solon far
              „d'autra pena per meills estar.
              mas ieu aisso non preze re,
              car si-l cavilla n'eis dese
       1260   e no garda-la canos defendre,
              mas lo fils qui o vol entendre
              e-l liar aisi com ieu dic,
              los garda be de tot destric.
              mas ab tres voutas n'i a pro (R. L. V. 569)
       1265   c'om no-i fassa trop gran no (noeud)
              e car tot so que razos vol,
              val mais de pena de tersol,
              vos escantiretz vostr' au(s)tor,
              car s'ill es d'autretal color,
       1270   d'aital semblan e d'aital forsa
              e meills ab l'autra si conforma,
              si l'austors es saurs cove si,
              que-l tersols o si' autressi,
              pero com que remazes hom
       1275   de mudar l'en hi mezes segon,
              so pot totz hom . . . . cauzir
              que per razo deu escantir,
```

¹) R. L. III, 155 lessiu. ²) ce n'est pas chirurgien (comp. l'anglais surgeon), mais cerisier. ³) = qualsquomet, quelque peu comp. 1773.

```
         pero pren del tersol totavia
         de calque maneira sia. ¹)
1280     el tersol ab autres menors
         d'aital semblan d'aitals colors
         tersol escantis d'esparvier.
         a mosquet esmerillo quier
         tersolet sorigato ²)
1285     . . . . . . . . . . .
         „si no potz atrobar moiseta. (R. L. IV. 244)
         „(o) d'autra pena petiteta
         „si com es de tort o de[s]tria,
         car d'aitals s'em ni metria
1290     ab los buzatz segon faiso
         si deu hom escantir falco.
XLVIII.  Cant auzels a tota sa coa perduda.
         Si vostr' ausels avan de muda
         a tota sa coa perduda
         e·ls canos prion e fraitz e rotz,
1295     trazetz los li, un et un totz:
         apres aisa mel tebeet,
         ben escumat e clar e net.
         granetz de seguel hi moillatz (seigle)
         et en cascun luec un pauzatz,
1300     don sera issitz lo canos.
         aissi o comanda razos,
         pero ges tan non si resconda,
         qu'el s'oma a vista, non responda.
         apres en la ferma·l gitatz
1305     e pueis a manjar li donatz.
         done l'om alcuna vegada
         a manjar de bona padelada,
         que sia destrempada ab sa(n)c,
         qu'or gras denols (sic?) e de sauc,
1310     e qui la carn e·l suc li moilla,
         val ne mais s'el manjar no vueilla.
         avan tres jorns gitara
         la pena, si com la veira,
         perso val mais, mon eecien,
1315     aver son auzel bel e gen
         e que je non sia pres
         de tres seumanas o d'un mes
         que anar a plait ni a cort
         e portar el ponh ausel cort.
XLIX.    Consi tenga hom ausel ben sa.
1320     Si vostr' ausel e bos e bels,
         ben prendens e ben isnels
         e de totz bons aips ben sertas,
         e voletz c'ades estei sas,
         de·son manjar vos prendetz cura,
1325     qu(e) ill dotz carn segon sa natura,
         so es carn fresca hon' e leu
         que re a degerir no[i]ll greu
         e no voillatz, autr' om li do
         nuill jorn a manjar si vos no.
1330     s'un lo pais huei, autre dema,
         fort sera greu, si no[i]ll rema
         en la gorga de la vianda,

         e natura d'auzel demanda
         que no[i]ll sobre ni no[i]ll sotrauba
1235     en gorga que non s(i) atanha
         et auzel ditz on meills si dol
         pert me qui·s vol, pasca·m qui sol. ³)
         empero per tener ben sa,
         una vianda covenra.
1340     c'om li fassa e done l'en
         sus en la carn manjar soven
         aitan cant a en un' avelana ⁴)
         de tres ves n'a pro la seumana.
         fueilla de una deule de ruda, (sic Ms. Paris)
1345     malva ab fueilla aguda
         per mezura e per garan
         e de romani non ges tan
         ab sain de porc trusaretz;
         pero aisi bon gardaretz,
1350     qu'el porc don aquel sais fo,
         non manges que nuilla sazo
         e can sera fort trusaat
         e ben batut e ben mesclat
         en una trostia ben e bella
1355     ben enserada e novella
         e d'aco vostr' ausel dirnatz,
         si com ai dig, e sapiatz
         de sest manjar tan sal tenra (salns)
         que ja mal dins cors no ill venra.
L.       Un' autra vianda per san tener.
1360     Un' autra vianda li faretz
         ab que fort e sa lo tenretz:
         un huea de galina peuretz,
         „batetz lo fort, pueis lo coiretz ⁵)
         „en bro de vaca o de mouto, (bonillon)
1365     e cant sel hueu sera cueitz pro
         e refreiat, pueis lo tenetz
         en sain et en lait, si n'avetz.
         so sain e·l lait sion color
         de lor mezeis e non d'aillor.
1370     d'aital hueu aisi adobat
         dirnaretz tres vetz per mon grat
         en la seumana vostr' ausel,
         qu'el cor li te sa e·l servel.
LI.      Autra vianda per san tener.
         Enquera per meills a tener
1375     cove autre manjar aver
         car sel si gueris tot lo cors
         e·l te sa dedins e defors.
         de la betonica pren hom
         e de consouda queacom (voy. 1210).
1380     eiresel e poilipe (sic) reial
         e de malva tot per engal
         ab baire fresc so coiretz,
         en aiga cauda soretz
         tengada cueita la raitz
1385     e d'un' erba c'om fumala ditz, (fumeterre)
         que an l'aiga sa forsa laisa;
         apres dels razims de la vaisa (vigne sauvage)
```

¹) peut être p(r)en devrait commencer le vers 1279. ²) Le vers 1285 manque au Ms. ³) pascat me qui solet? ⁴) R. L. II. 156 cite un' avelaneta, contre la rime. ⁵) R. L. II. 261 coisetz; comp. 1376 en cuiren.

polverciatz e metetz n' i
e faitz o cozer autresui.
1390 can ben er cueit e be consit
estuiatz o e no-us oblit
que non des una vetz lo mes
a vostr' ausel on plus sas es,
„mas si-us es vis que aia mal (R. L. V. 420)
1395 „e no sabetz de triar cal,
doncx li faretz aital sojorn,
d'aco penra tres vetz lo jorn.
lendema cant ser espergatz
fol. 10 r°.) e d'auzeletz totz vius dirnatz
1400 vos li daretz pona padelada, ¹)
et al ters jorn datz li plumada
segon so que l'auzel sera
e ill plumada detriara
consi-l devetz tener aprop.
1405 e de plumadas ni dig trop
perqu'ieu non vueill huei mais parlar,
mas dirai consi deu mudar
ausel, pos es al temps vengutz
c'a mudar natura l'adutz.
LII. Consi deu hom mudar ausel. ²)
1410 So deu saber qui ausel te
e ges totz ausels non cove
mudar per un ensenhamen,
car l'un auzel mudon greumen,
l'autre de leu, l'un en estat,
1415 l'autre en ivern, l'un so mudat
al temps com dos autres hi met,
e tot per so ieu m'entremet,
com puesca dir en pauc de motz,
consi hom los mude ben totz.
1420 · tot ausel qu'en hueil a prunela,
en estiu mude sa gonela;
tot auzel que hueill a engal, ³)
cora que non en prunella en hueill
1425 son falco o d'aquel escueill. (espèce.)
qui vol mudar coitadamen
son auzel dins un mes clauzen,
mudar lo pot calque temps sia,
que ja non trobara fadia: (réfus)
1430 doas serpens que son sols
cotz hom en aiga en un' ola ⁴)
qui sera plena de fromen,
cant se coita lonjamen,
el froment er ben eubeguts
1435 del vere e gros e cregutz,
de sel fromen vos lo paiseretz
doas galinas que tenretz
en tal luec clauzas que per re

no mangon als ni so si que.
1440 cant auran la meitat manjada,
ais una muda triada
en un bel luec privat,
e cant on fassa lo soleill assa(u)t
lo mei jorn e la ora nona
1445 c'aitala muda si sera bona.
cant autres vostr' auzel sai mes,
que-s deu mudar davant un mes,
a manjar vos li donaretz
sellas galinas e veiretz
1450 que tota la pluma sa caira
aisi que cais nutz remanra.
„aprop d'aiso, vos li donatz (R. L. II. 130)
„carn de boquet manjar assatz, (chevreau)
on la serpen tot l'an jats
1455 de Saint Miquel tro en febrier
jos s'en estai sotz lo fenier ⁵)
„e s'om avan lo fenier n'osta,
aqueis rema o de costa.
del martz entro a Saint Miquel
1460 car adoncx a plus cant lo fel,
jai ades ins el fromiger. ⁶)
a pro d'aqui fai son viver,
se i a luec cubert et orbos.
pero se non es tan coitos
1465 que us penetz de querre serpen,
„dels peisonetz c'om tot l'an pren ⁷)
„que an nom trochas o tregans,
sivals que no li donetz tans,
mesclatz ab carn que gorga'n fassa,(R.L.3.384)
1470 moltas vetz si voletz que ill plassa,
mas si-n voletz sofrir trebaill.
so que dic dels serpens no faill,
e pot so far ben autramen
qu-er bo e serta examen:
1475 prendetz graure de serps menudas
que ges no sion perregudas. ⁸)
a cascuna so cap toletz,
ab un pauc d'aiga las coisetz (V. 1363)
„totas ensemps en un topi (pot)
1480 e devetz gardar autresi
qu'el topis sia fort cubertz. (R. L. V. 373)
e can poiretz ben esser serts
que sion sertas e demonidas,
„cant que sion demonidas, (R. L. IV. 196)
1485 „los budels ne deu hom gitar,
e pueis laisatz las refreiar,
et enaprop vos cuilliretz
lo grais que aqui trobaretz
en un vaisel si leu passar,
1490 qu'el cautz no-l fassa traspelar,

---

¹) aiusi le Ms.; note à la marge: bonne; lisez: bona. ²) Le mois d'aoust passé met lui en une chambre assez chaude et le met sus une clae sus un bloc sequoi il sera attachié et que la chambre soit li orbe que l'en ni n'oïe goute et li donne a mengier II fois le jour et que il ue voie meagier fors que a la chandele et li donne a mengier oisiaux nuz; plus tard on lui donne bercheretes oisiaux qui hantent les risieres ... Ms. 632. 65. ³) Le vers 1417 ne se trouve pas dans le Ms. ⁴) comp. Ms. 632. 66: l'en prant une couleuvre et est tres bien batue d'une uerge de coudre tant que elle est morte sans teste et sans queue on la met dans un pot de terre neuf plain de ble et eaue clere de fontaine ... ⁵) tas de fein: R. L. III. 303. ⁶) R. L. 3. 368 fourmilière. ⁷) R. L. V. 429 = lothe, goujon. ⁸) paruues, trop grandes.

   so er en terra o en veire,
   lo metretz si m'en voletz creire
   d'aisol grais, e vos onheretz
   molt soven la carn, que·ill daretz
1495 a l'auzel qu'en muda tenretz.
   e dic vos que der no·l poiretz
   re qu' el fassas tan ben mudar
   ni tan vermeills los hueills tornar,
   „car la pena ill negrezira (R. L. IV. 311)
1500 de sus e de sotz blanquira (R. L. 2. 223)
   e sel que d'una muda es,
   fara semblar, sia de tres.
   sisest onguens val contra lepra
   qui sas pensa franh e desebra
1505 e las fai ades si cazer
   c'ap lui non podon remaner.
   si·us tenetz so a trop d'afan,
   un lazert querretz vert e gran,
   que se'l troba hom en tot luec,
1510 tot eisug l'ardretz en un fuec
   e gardatz be que sia claus
   lo vaissels on el er enclaus,
   e cant sera fort ben crematz
   e totz en polvera tornatz
1515 d'aquella polvera metretz
   en la carn de que paiseretz
   vostr' auzel e rendre-lo-us-a
   en pauc de temps mudat e sa.
   „qui pren eruges et aranhas (R. L. III. 141)
1520 „c'om apela fadas estranhas,
   car per los cams defors estan,
   que talan de mais non an,
   e ben las trussa e las mescla
   ab la carn e pueis d'aital mescla
1525 son auzel pais menudamen,
   mudar lo faran ben e gen.
   si per so no·s muda ben tost,
   „prenetz pastenegla verben' e cost (R.L.IV. 452)
   „e cosetz lo fort tot ensemps.
1530 en cozer non ponha lonc temps.
   apres fortmen vos o trusatz
   et ab canella vos o mesclatz.
   d'aco petitz morsels faretz
   e vostr' auzel ne paiseretz.
1535 la tortuga qu'estai el bosc [1])
   que i a cais nier et gros lo closc,
   fai mudar tot auzel corren,
   qui d'aco dins lo pais soven.
   Enquers vueill mostrar e dir
1540 qui pren d'una gran serp l'erguir [2])
   „so es la pel que pert cad an,
   pos ques serps veilla e gran,
   e polvera'n fai, pueis la dona,
   az auzel per mudar es bona.
1545 „soritz o·l petit segouho (R. L. VI. 9: cigoneaux)
   „fan mudar auzel per razo.

   qui pren granre de las gar(r)ossas, [3])
   que semblon grans lentillas rossas,
   et en un topi non de terra
1550 lur fai sufrir al fuec tal guerra
   que tornon en polvera menada,
   tost fa(u)n cazer auzel de muda.
   tan fort lo coiton de mudar,
   cant hom soven l'en vol donar.
1555 que peura so qu' ieu dirai ara,
   „so es bresca bella e clara, (R. L. III. 486)
   „e d'aquel mel l'esgota be
   qu'en vol issir et hom per se
   ab carn que sia bona e fresca,
1560 mescla un pauc d'aquella bresca.
   auzel fai mudar ben e gen
   en pauc de temps deslivramen.
   qui vol auzel mudar en cocha
   o coitar cant en muda locha,
1565 adoncx deu far sengas metzinas
   que ieu si dichas bonas e finas;
   pero que vol segon mon sen
   mudar austor naturalmen,
   enaisi-l pot mudar fort be,
1570 com ieu dirai era dese,
   que no·i failla d'un gra de mill
   VIII jorns totz dreitz davant abril.
   don hom son ausel aguizar
   aisi que meills deia mudar. (fol. IX. r°.)
1575 can vostr' austors es gras e fortz,
   sera de tot l'ivern estortz,
   c'autramen se no·ill estaria,
   si d'ivern ben gras non issia,
   car lo mei aost et setembre,
1580 octobre tro al novembre
   lo deu hom tener assermat,
   e pueis l'ivern ben engraisat;
   per tot lo mars petit cazar
   per paor no·s fassa calcar (R. L. 2. 289)
1585 de tarnata o de buzart [4])
   car son adoncx enamorat.
   vos li daretz espurgamen
   qu'el cap e'l cors tot eisamen
   si purga fort be et adoba
1590 e d' umor sobreira s'escoba. [5])
   d'est' alizagria pearetz
   sol quatre gra que pro n'auretz
   e de blanc pebre autres catre
   et aques VIII gras faretz fort batre.
1595 tro sion en polvera tornat
   e per tamis sotil passat; (R. L. IV. 524.
   apres aiatz de pes fort neta
   aitan cant es una velaneta
   al foc s'escalfatz ab lo det,
1600 perso que l'en fassatz plus net,
   aprop brogas n'el paladel
   aitan soven de vostr' auzel

---

[1]) le Ms. porte tosuga. [2]) R. L. 3. 138 dépouille. [3]) R. L. III. 435 Jaresse. [4]) sic: Guessard propose barnata pour la leçon du Ms. [5]) R. L. III. 152 l'escoba.

entroque sus la pes si prenda.
sus en la pes vos pauzaretz
1605 la polvera e gitaretz
sus en las nars ben la mitat.
can l'auretz aisi adobat,
al soleill lo faretz estar,
e-l ser donatz li a manjar
1610 de carn suau e deleitoza.
et er de garir volontoza
aprop catre jorn, et hom pren
safra que vo de orien
e de lentillas la farina
1615 e d'egestio passerina (R. L. VI. 14)
o d'aquella de las soritz,
car si com lo proverbi ditz:
non es tot bel so que pro te.
tot aiso trusa hom fort be
1620 tro sia polvera sotil.
e prec vos, no la fengatz vil,
si tot neta non a-us par.
pueis devem tot aiaso mesclar (R. L. III. 277)
„ab mel, e far confectio,
1625 que sia dura per razo.
d'aco faretz tres piloletas,
non plus d'una fava grossetas.
en tres jorns ves las daretz
al auzel can lo paiseretz
1630 e dev(e)s o dar en tal maneira
que cascuna traisca enteira,
aiso sera fort leu afar,
ax ome qui sap cura dar.
aprop VI jorns c'aiso er fait,
1635 vos lo metretz en autre plait,
car d'aillor on faretz tres gras
„del gran d'un sezer bels e plas (R. L. V. 217)
sels gras en la gorga ill metretz
ab carn cauda on meille sabretz.
1640 al ters jorn penretz limadura (R. L. IV. 75)
de ser, e que sia ben pura,
e tan can levar ne poiretz
ab dos detz, vos ne pauzaretz
sus en la carn, pueis donatz o
1645 a vostr' auzel e mang' en pro.
dreit al cart jorn, e membre-us ne,
„sedas de porc queretz graure (R. V. 176)
e menudamen las trusetz
a tot lo plus que ja puscatz,
1650 e pueis donatz las que pro l' er
com la limadura del ser.
al sinquen jorn a vostr' auzel
daretz carn de petit anhel,
en lait de cabra fait moillada,
1655 e mang' en pro sella vegada
pero d'aiso deu-s sovenir
per tal que non deia vomir
aquellas metzinas que ill datz.

que el ma gran pessa-l tengatz,
1660 perso el tener si detenha
e las poizos meillis ne retenha.
can l'auretz aisi poizonat
e vos aiatz un luec triat
et una cort bella e clauza,
1665 on nuilla res no ill fassa nauza
e no-i sia pas ni via
ni nuilla res lai estia
ans via cort suta e ferma
et aqui l'adobatz sa ferma
1670 granda e larga de tal guiza,
que non tema pluela ne biza;
que aora no-li fassa enoeg,
desus si deu cobrir de glueg (R. L. III. 479)
non ges tota, mas sella part
1675 deves on biza trai son dart (fol. XL v°.
e sella part er descuberta
devas on lo soleills aserta. (R. 2. 385)
una perga bella e plana
de fust mol, car sel es plus sana,
1680 hi faitz metre e no ja plus,
on l'auzels si pauze desus,
e tot entorn sia linda
de bella paille deslinda
et aqui vostr' auzel estiu
1685 entro primas veiretz estiu
a tot lo meins be III mes,
e cant en ferma l'auretz mes,
a cascun jorn lo paisetz be
de bonas carns tot az esple.
1690 de boc jove li datz soven, (bouc)
car molt l'es bos certanamen
e datz li totz menutz auzels
fors solamen dels estornels ')
ni cornilla no ill donetz ja,
1695 car peoiletz noiris e fa.
on plus fara major calor,
detz li carn de major frescor,
que re non ais . . . . estat,
car leu camja carn en estat.
1700 „de gargamela(s) de mosto (R. L. III. 432)
„li datz soven a manjar pro
o las eranhas cambaradas (R. L. 2. 294)
ab las eruges fort batudas,
aisi com (ieu) demostre(i)
1705 cant estranhas las apelei, ²)
ab la carn soven las mesclatz
et asatz a manjar l'en datz,
e se ill voletz far bon sejorn,
datz li diversa carn quec jorn.
1710 aiso vueill be que retengatz,
que totz ausels saurs e mudatz
prendens e mudans ne val mais:
d'una vetz a sa guiza pais
l'anguilla fresca la seumana,

¹) R. L. III. 221, le Ms. porte estormens. ²) le Ms. confond ces 2 vers; j'ai ajouté „icu et i" à la fin du vers 1605 à cause du mètre et de la rime.

1715 car aiso te la pena sana,
      que ja de leu non brizara,
      tant sai ni lai non torsera,
      e l'ausela n' es meills pervineus
      e tota la pena plus luzena.
1720 d' el bec adobar vos remembre
      car auzels non a negun membre,
      don mals li venga tan mortals.
      et aprop can diral los mals,
      e las metzinas comtarai,
1725 lo mal que trop grans becx lur fai,
      mas tot' ora lur fai a mermar,
      can l'ausel deu en mud' intrar,
      car per natural bec se creis
      e pren la muda aqui meteis,
1730 pero si-m demandatz perque
      al salvatge com no ill tol re,
      non creis lo bec tan que l'afol,
      ja no-m tengatz aisi per fol,
      que no-us i done sert respos.
1735 lo salvatge totas sazos
      manja carn cauda et ossosa
      e lai on es plus nervioza,
      el s'estira et al tirar
      lo becx comensa az escalfar
1740 et ab l'escalfar et el tenris,
      cant a manjat el lo forbis
      a peira o a fust roahos
      et enaissi adoba los.
      lo mati ans qu' el jorn paresca. (R. L. V. 418)
1745 „ni l'irondes comens sa tresca,
      venetz a la ferma susa
      que no fassatz negun esclau
      et al plus gentet que puscatz,
      so que deu manjar hi panzatz,
1750 mas nuilla coita no us aport
      que ja li pauzetz ausel mort.
LIII. Consi ais ausel los pes gros et bec.
      Prenetz razura de veill lart (R. L. V. 36 raclure)
      e d' un hoen cueit la una part, (R. L. V. 113)
      „so es lo ros. aiso mesclatz
1755 e de sela gema hi gitatz
      un pauc, e pueis tot mesclar-s-a
      ab la carn que manjar deura
      l'auzels e si-n manja soven,
      sapchatz be sertanamen,
1760 que-ls pes e-l bec li colrara
      e la pena li gensara.
LIV. Cossi fassa hom son auzel blanc.
      S' un muda lo voletz far blanc, (fol. 12 r°.
      lo prim de muia mang' el sanc
      e'l tersol de mal ben V. vetz,
1765 et aisi blanc lo tornaretz.
LV.   Cant auzel es en muda.
      S' aves ausel enfastigat (ennuyé)
      cant er ben ple et engraissat,
      que ja sol no fora parer
      c'ausels ni carn denhen voler,

1770 ab aiso esdeve espes, (R. L. III. 179)
      c'ausel mudatz es aissi ples,
      pos a estat un mes o dos
      que de re non es volontos,
      „adoncx una galina siatz (R. L. 2. 86)
1775 „et en un angle l'estacatz,
      paissetz la d'un froment salat
      e non beva tro sion passat
      dos jorns o tres, pueis li donatz
      de bon vi por a beur' assatz,
1780 e can ben er enebriada,
      vos l'aiatz pelada (sic)
      „e pueis prenetz un vergantetz ¹)
      „e batetz la'n mout azautet
      entroque totz lo sancx li venha
1785 e sus en la pel aqui se tenha.
      apres auretz un petitet
      o de sadreia o d'apet
      e d'aqui polvera faretz
      et ab lo sauc la mesclaretz
1790 e pueis tot un cor de pouzi
      vos n' umpliretz e daretz li.
      aisel cor can l'aura manjat,
      aura d'autra carn volontat;
      sobre totas res vos sovenha
1795 que hom estranhs ni car no-i venha
      ni porcx ni res que broga fassa (R. L. 2. 254)
      a vostr' ausel cors que jassa.
      ni sobre jorn pos a manjat
      ni nuill' ora per vostre grat,
1800 car on plus salvatges tenra,
      plus gent e plus ben mudara.
      alcuna vetz lo banharetz,
      e dirai vos com lo faretz:
      un vaisel pla nou, de bel fust,"(R. L. 5. 293)
1805 „que sel non mena talabaust,
      que sia faitz aissi com es
      conca d'aram, non trop espes ²)
      de nueitz suas e ses candels, ³)
      ses lum de luna e de stela,
1810 tot plen d'aiga, vos pauzaretz
      en la ferma e laisaretz
      lains estar tro lendema.
      e l' ausels can l'aiga veira
      bella e clara davant se,
1815 banhar-s-a volontiers, so cre,
      e majormen, si fai gran caut,
      c'adoncx li ve meills per azaut.
      e l'autra nueit vos no trairetz
      lo vaisel e sol no polsetz
1820 car auzel que tant estai sols,
      no vol que pres de lui hom pols.
      qui aiso fai d'ueit en ueit jorns,
      fort l'es grans bes e grans sejorns.
      padeladas de luec en luec
1825 li deu hom far d'neus cueitz en suec
      e car sus ensenhei a far,
      padeladas non vueill parlar

¹) R. L. V. 506 baguette. ²) R. L. 2. 109 (cuve d'airain). ³) le Ms. porte candens.

aisi mas sol per remembrar
que l'om l'en fai gran remembransa ¹)
1830 . . . .
tres vetz sivals en la quinzena ²)
car en far non a ges gran pena,
mais creis la pena en un dia
c'antramen en dos no faria
1835 plus clara'n sera e plus bella
e semblar-n-a tot l'an novella.

LVI. Consi deu paisser auzel al issen de la
muda. (fol. 12 v°.)
Can vostr' auzel sera mudatz
VIII jorns avant que l'en tragatz,
lo paiserets si-us platz aisi.
1840 carn de vaca e de pouzi
o de lebre faretz jazer
en aiga tebea un ser
e d'aital carn vos lo paisetz
ben VIII jorns e pueis si-us voletz
1845 de la ferma vos lo trairetz,
bec et ongla l'adobaretz,
far-l-es privat qu'on sera saurs.
mas tant com d'argent val mais aurs,
deu esser auzels meillurats
1850 en muda can n'eis ben mudatz.
de nueitz coveu que hom lo port,
car lo veillar l'adoba fort.
s' ap veillar lo voletz far magre,
ses hueills l' esposcatz de vinagre, (laver)
1855 la nueit cant anaretz jazir,
pueis non pot dormir al izir,
e-l man er si (ben) adobats
com si tota nueitz l' aviatz (Ms. netz)
portat e tengut sus el ponh.
1860 d'aisso cove c' om si do sonh
que sapia, cals carns abaissa
graissa d'auzel e cals engraissa.
passers e totz auzels petitz,
car de cato e de soritz, (R. L. 2, 357)
1865 carn que es de grassa galina,
carns de porc e carns colombina,
bueus e bocx e cabra autressi
„engraisson tot auzel mesqui,
mas carn de porc fai trop d'erguoill,
1870 perqu'eu soven dar no l'en veill.
vaca o lebre e pouzi
a tot auzel mermar fai
e las polas faun autretal,
e galina magra hi val
1875 e majormen cant es moillada,
e di que us moillatz la corada.
mas a penas ne vol manjar
auzel qui no-l fai eudurar.
hueimais qui dar se volra cura

1880 pos de las carns sap la natura.
pot feu son auzel gras baisar
o s'es trop magres, engraissar.
LVII. Consi fassa hom auzel salvatge privat
tost.
Si voletz un auzel foretge
en tres jorns far aisi demetge
1885 coma un (auzel tot) privat,
voletz tener ai adobat
que ja vol no-s fassa clamar,
can l' auretz gitat per tornar.
prendetz carn de porc grassa o fresca ³)
1890 o veilla, si-n faitz una lesca (tranche)
e cazetz la ins en fort vi.
apres en un saquet de li
la metetz en aiga correu,
on estara tres jorns penden.
1895 e cant er tres jorns eisugada, (essuyé)
entre doas po(s)tz enserrada
vos la tenetz dos jorns entiers.
pueis car volretz que volontiers
vostr' auzel forn, faitz l'en manjar
1900 un petit, cant iretz cassar
ab autra carn o en perse (seule)
e venra volontiers deso.
pero netament l'estuiatz (R. L. V. 567)
„et en bel drap l'esvelopatz
LVIII. D'esperimens d'auzels. ⁴)
1905 fol. 13 r°) En un libre del rei Enric
d'Anglaterra, lo pros e-l ric,
que amet plus auzels e cas
que non fes anc nuill crestias,
trobei d'asautz esperimens,
on no cove far arguments,
car non es als mas bona fes
1910 que sol valer mais c'autra res:
Volatilia tua, domine, sub pedibus tuis. ⁵)
cant hom ve de primier issir
pen(a) d'auzel, e c'om deu dir:
bel senher Dieus, per meravilla
tes sota tos pes la volatilia:
Quod inimicus homo ligavit, dominus per
adventum suum absolvit ⁶)
1915 (A) cascun jorn cant hom (lo) pren
de perga, deu dir eissamen:
tot so que hom enemic lia,
l'avenimen de Dieu l'eslia:
Vincit leo de tribu Juda radix David, alleluja. ⁷)
Per paor d'aigla vos diretz
1920 tot'ora can en casa iretz: ⁸)
lo leo vens del trop Juda (Ms. V. trip)
raitz David, alleluja.
cant er verbatz e vos prendetz (R. L. V. 504)
rometz e polvera fazetz (R. L. V. 507)

---

¹) Le vers est omis dans le Ms. ²) au moins dans la quinzaine. ³) R. L. IV. 49. ⁴) R Ch. V. 133. G. 368. ⁵) voy. Albertus M. XXIII. 19 haec sunt quae de medicinis falconum dicta cum experimento prudentium investigator . . . experientia optima est in omnibus talibus magistra. ⁶) Albertus M. XXIII. 19 pag. 306 in nomine domini volatilia sint sub pedibus tuis. ⁷) Albertus M, id. Quem iniquus. ⁸) Albertus M. id. Vicit . . . . R. Ch. V. 133. ⁹) Ms. V. tota ora quan cassarets.

```
1925  et ab (la) carn vos l'en donatz
      et er gueritz, sol o cregatz
      per tal que no-l perdatz nuill' ora
      on qu' el gitatz tart o ab ora.
      api et eiresel sercatz
1930  ab menta negra o mesclatz,
      pueis o trusatz fort e batetz
      e d'aco vostr' auzel paissetz
      ab carn cauda per una vetz,
      si fei avetz, pueis no-l perdretz.
1935  Eras cove c'om vos diga
      cant auzel per mal si destriga
      o de creisser o de mudar
      e de tot aco que deu far
      coma l'en fassa guerizo
1940  bona e leu segon razo.
LIX.  Cant auzels petitz se sent gota en l'ala.
      Cant auzel que ferma noiritz
      goteta en l'ala sentitz, (M. V. soteta)
      lo sanc o la graissa prendetz
      d'un' auca, e ben lo n' onhetz (V. leu ungetz)
1945  desotz las alas totz los os,
      los loncx e-ls breus e-ls prims e-ls gros;
      apres de l'anca mange pro,
      qu'enaisi-l tenra mais de pro;
      si-l pendon fort, onhetz las li (R. L. 4. 27)
1950  desotz ab de l'oli lauri
      o s'oli lauri no (ill) trobatz, (R. L. 3. 393)
      „ab sel de porc sus li bragatz; (R. las, V. les)
      e s'es per natar' alapens (R. 2. 47) (V. les pren)
      e non i val nuilla onhemens, (V. e no li valon
                                    unjamen)
1955  verbena vert brusaretz fort (V. berbena-trus-
                                    saretz)
      e can n'auretz lo suc estort,
      las alas desotz n'ongeretz (V. untaretz)
      e la carn ios li moillaretz
      anquer le faitz suira metzina
1960  qu' es veramen bona o fina:
      de salvia lo suc trairetz (fol. 13 vº)
      ab lait de sauma-l mesclaretz (R. L. V. 159)
      et ab lait de fanna autressi
      qu' enfan mascle engensi, (le Ms. porte: enfan)
1965  e non aia VIII jorns passatz,
      que aquel enfas sera natz.
      d' aiso l' onhetz las alas be
      e sa carn li moillatz be
      en encar alapen auzel (le Ms. porte: e la pen)
1970  datz soven de catz lo sercel.
LX.   Cant auzels es trop debatens.
      Si vostr' auzel trop se debat,
      en ponh o en perga combat,
      prendetz una erba bon' e bella, (R. L. 2. 121)
      „c'aristologia s'apella
1975  e de solaequia autretan

                                      e las raitz secaretz tan
                                      troque polveran puscatz far.
                                      en la carn l'en daiz a manjar,
                                      en aiga pura cozeretz
1980                                  e de l'aiga vos moillaretz
                                      tot vostr' auzel can sera freita,
                                      e sa carn si qu'el eis o creia
                                      et aiso faretz li VIIII vetz,
                                      pueis no-s debatra per malvetz.
1985                                  LXI. Cant auzel crida trop.
                                      Si vostr' auzel es trop cridaire
                                      si qu' en ribeira no-l vol gaire,
                                      la soritz penada queretz
                                      e de gebre molt vos l'umpletz
1990                                  e datz l'en soven a manjar,
                                      c'aisi-s laissara de cridar.
                                      LXII. Cant auzel es ouatz.
                                      Totz auzel pueis qu' es mudatz
                                      si trop crida, sembla ouatz
1995                                  pel de . . . . e far cremar (illisible)
                                      tro sia polvera menuda,
                                      apres cant sera be seruda
                                      ab bel mel clar et escumat,
                                      on nuilla res non ai estat,
2000                                  vos la mesclaretz ben e gen
                                      e d' aco vos onheretz soven
                                      ab una pena ben polida
                                      los huells de l' auzel que trop crida.
                                      contra cridar al res faretz:
2005                                  lo moiol d' un hueu fort batretz (R. L. 4. 244.)
                                      cant ab l' oli l' auretz mesclat,
                                      e tot ensems o la mitat
                                      a vostr' auzel vos o donatz
                                      a manjar consi que puscatz.
                                      LXIII. Contra mal de pepida.
2010                                  Totz auzels, pueis que a pepida,
                                      mal manja e mal esmofida.
                                      et aiso es ben cauza serta,
                                      que sotz lo lengua es cuberta,
                                      car la pupida ten destreg
2015                                  e ill fai desirar l'aer freg.
                                      pepida es un mal que nais (V. us mals)
                                      en la lenga, e cant si pais,
                                      embarga lo, non pot trair (V. e patyals no)
                                      so que manja segon desir;
2020                                  desotz es el sem de la lenga;
                                      e qui-l vol gardar que no ill venga,
                                      gart lo tot'ora de carn grassa,
                                      car sill 'la noirix e l'amassa.
                                      tot ginhozament e pla
2025                                  la'n deu hom traire ab la ma.
                                      lo caul salvatge faitz secar (chou sauvage)
                                      entroqu' el puscatz ben trusar;
                                      ab mel et ab oli mesclatz (le Ms. porte ol)
```

¹) crempe R. Ch. V. 134. G. 369. ²) cf. Fridericus 2. 16 de diverberationibus ipsorum et de diverberationum modis — 9. 59. ³) cf. Du Cange VI. 293. 1: solsequium heliotropium, ou souricle, sorci. ⁴) Rochegude cite ces vers sans expliquer le mot. ⁵) R. Ch. V. 134. G. 369. ⁶) R. R. III. 165; se moveber, V. esmosida. ⁷) sic; R. pepida, M. V. pepidal.

fol. 14 r°) la polvera, pueis la donatz
2030 a vostr' auzel en pinholetas (petites pilules)
que sion com aulanas grossetas, ¹)
ancar dic s' om un' erba quier
que a nom erba d'esparvier
e la bat fort e'l sac ne tra,
2035 e-l mel hi mescla, gran pro li fa,
e qui o met sus o deviro,
aqui on la pepida fo,
de buire net li devetz dar,
don trobatz soven a manjar.
2040 e de lart fait moill autressi
li donatz az oras gros bosi, (bouchée)
cant az auzel pepida ve
e per graissa de carn be,
ades l' un pe [et] en mel moillatz
2045 lo et aprop so ajustatz
hi buire et un pauc d'agrevi
. . . . . . ²)
e tot ensemps en un morsel
vos o daretz a vostr' ausel,
2050 et enapres una vegada
d'aiga que sia ben mesclada
ab oli, e vos l'abeuratz.
si 'n ben per garit lo tengatz,
ancar li fait un garimen:
2055 polvera faretz d'surpimen,
sus en la carn la gitaretz
d'una soritz, pueis li daretz.
LXIV. Can sarron las nars d'auzel.
S'a vostr' auzel sarron las nars, (serrer)
ja per noill siatz avars
2060 de la polvera que di sus
qu'es de sol VIII gras e non plus,
ans en las nars no les gitetz,
e'l paladel no l' en breguetz
d' esta fizagra vol un gra
2065 e de blanc pebre que sis non a.
LXV. Cant auzel a mal en boca.
Si vostr' auzel a mal en boca,
car tot can manja ens li roca,
„prendetz la goma del genebre, ³)
„so es albre, e sembla pebre
2070 „sa fruita, cant es ben madera,
„et en la nostra parladura
„a nom cade, et ab notz frachas (R. L. 2. 408)
„que sion be totas del clos trachas,
de la goma vos ajustatz,
2075 en un bel drap vos o listz
sotz las cenres o faitz cremar(le Ms. porte seures
tro que's pusacs polvereiar.
aprop ab mel las mesclaretz
o sobr' el mal la pauzaretz
2080 e d' aiso us prec que be us sovenha
qu' ei buires ab la carn si tenha,
car nuilla re no ill poiretz dar
que ill deia meills el mal gitar.

LXVI. Cant auzel badailla soven.
Cant auzel trop soven badailla (R. L. 2. 166)
2085 d'una vert rana faitz vitailla
o tres granetz li donaretz
d'surpimen, can lo poiseretz,
pueis o hom malvas esfoilladas, (R. L. 4. 132)
sol las costetas ben mundadas,
2090 cozetz en vi ab lart, qu' es pres (fol. 14 v.)
de cap de porc al plus somen,
e per far meillor mortairol (R. L. IV. 270)
„ajusta hom del barbaiol, (joubarbe)
e d'aquel erba tenon pro
2095 li vilan sobre lur maizo.
aitan manjar prezentaretz
a vostr' auzel aivals tres vetz.
LXVII. Cant auzels es enraumasatz.
Si vostr' auzel suefre raumatz (R. L. 5. 49)
per polvera o per frimatz,
2100 per freit o per autra maneira,
s'ill voletz far metzin' enteira,
d'est' alizagria us recort
e-l paladel l'en bregatz fort.
LXVIII. Cant auzels a gola estreita.
Si vostr' auzel a gol' estrecha
2105 que non pot passar ni a drecha
ni transglotir so c'om li dona,
una metzina faitz qu' es bona:
de carn de vachas faitz morsels
aisi grosetz com vostr' auzels,
2110 si gol' estrecha non agues,
assatz leu trair lo pogues;
en aiga tebea estan
sill morsel aisi fait(z) estan
que sion tornat blanc e le
2115 e pueis l' auzel trais los be.
sol c'aitals morsels li donetz,
en pauc de temps garit l'auretz.
LXIX. Contra sarramen de nars.
Enquera contra sarramen
de nars faitz autre guarimen:
2120 en aiga tebea metetz
lo cap e las nars, s' ill tenetz
una gran peessa ins aqui
et enaprop donaretz li
de carn nervioza be car
2125 e far-li-etz fort estirar.
LXX. Enquera contra sarramen.
S' es fort refreiatz, faitz l'estuba (R. L. 3. 233)
non en cornuda ni en cuba, (R. L. 2. 487)
cascuna vetz una caudeira
caudeta per bona maneira.
2130 sobr' una post lo faitz estar
qu' en terra non poseca tocar
et ab la salvia-l bregatz
lo paladel on meills puscatz.
faitz l' estirar cascun mati (R. V. 365)
2135 en po de porc o de pouzi.

¹) R. L. 2. 156 noisette. ²) le vers 2052 manque su Ms. ³) L. 3. 482 et 2. 285.

LXXI. Contra fongos.
„Per trop raumatz solon venir (R. L. III. 358)
„li fonge, et ai auzit dir
„c' uns n' i a mols et autres secx
  e son d'auzels trop mal endex. ¹)
2140 rosutas son quel paladel,
  naison tan prop del carcanel (Ms. tran)
  c'a penas pot auzels trair
  so que manja ni transglotir,
  ans enpaiton la via dreita (R. L. VI. 15)
2145 si com via cant es estreita.
  li sec fonge son fer e dur,
  e pot los hom trencar segur.
fol. 15 r°.) tot en premier en una pel
  bona e prima d' un anhel
2150 vostr' auzel enmaillotaretz
  e tener destreit lo faretz.
  autr' ome aiatz ben espert
  c'a l' auzel tenga 'l bec ubert
  e vos auretz un coutelet,
2155 fort ben taillan e fort ben net.
  selas bocas secas trencatz
  al plus prion que ja puscatz,
  sol qu' el paladel no ill toquetz,
  aqui eis vos . . . auretz
2160 pebre mout e de limadura (R. L. 2. 435)
  de coire, e 'l vesc que perdura; (cuivre., glu)
  sus els albres auretz secatz
  e ben en polvera tornatz
  e de al un pauc hi metretz,
2165 pueis per un drap o passaretz,
  de que sion ben serrat li fil,
  car mestier a que sia sotil.
  ab sesta polvera mesclatz
  de mieltz baire, pueis ne pauzatz
2170 sobre la plaga un petit
  cascun jorns tro l' aiatz guerit.
  s' ill fonge son molt humoros,
  coven hi autra guerizos
  d'una bevenda que hom fa, ²)
2175 si com dizon fezisia:
  qu' es de vi e de mel ensems
  boillits, e dura molt lonc temps
  e qu'om apela melicrat: (R. L. IV. 179)
  penretz en de vi la meitat.
2180 las doas res mesclaretz
  en un teule rog, cal auretz, (tuile rouge)
  ab qu' en escalfetz una part.
  en tal vaisel que ben o gart
  cant er caudet vos faitz badar (R. L. 2. 166, 210)
2185 „lo bec de l' auzel e colar
  „per una sotileta benda
  „en la boca sella bevenda;
  pueis tenetz li lo bec serrat
  e d'aital guiza ben tornat
2190 que la bevenda non traisca
  del tot ni foras non saillisca,

  e can l' auretz un pauc tengut.
  vos aiatz un canon menut
  e de pailla o d' autra re
2195 . . . . . . ³)
  que per las nars puesca intrar.
  l'un cap li metetz en la nar,
  e per l'autre faretz suzar,
  si com hom en fontaina ben,
2200 l' amor del fonge aissi desen
  deforas l'esser destrempada
  s'es ab la poizo e mesclada.
  aprop si vos lo faitz levar
  et el pe d'un ponzi tirar,
2205 de ters en ters aiso faretz
  tant que del tot garit l'auretz.
LXXII. Cant auzel a mal en hueill.
  Auzel cant en hueill a mal,
  una metzina faitz aital:
  de moiol d'neus oli trazetz
2210 et ab sel oli los onbetz,
  s' albuges o mailla li creis, ⁴)
  aisi-l guerretz aqui meteis:
  ab suc de fenoill mesclaretz
  lait de fomna e pueis metretz
2215 d'aco els hueills aitan soven
  que sia pres meilloramen.
  autra metzina mostrar voeill:
  l'auzel cant a mal en hueill,
  mailla o colp o escardat,
2220 d'aiga tebea li faitz viutat
  e lavatz l'en los hueills fort be
  suau quel no-s nafres en re.
  apres li faretz autr' ajuda:
  betonica (vos) penretz cruda,
2225 que davan lo soleill levan
  seran cuillidas e pueis tan
  vos la batetz qu' el suc n' aiatz
  e per un bel drap tal colatz
  e d'aquel suc vos li metretz
2230 els hueills; can lanatz los l'auretz
  aissi co[n]s diassi premeiramen
  d'aiga tebea ben e gen,
  pebre et aloen mesclatz
  per engals partz, pueis o trasatz,
2235 polvera faitz, pueis gitatz ne
fol. 15 v°.) ins els l'ueill, on la maillas te,
  e si del suc de las primelas
  salvatjes, tan can son novellas,
  ins els hueill soven l' en gitatz,
2240 de la mailla guerra viatz.
LXXIII. Cant auzel a peira el cap.
  Auzel en cap peira noiris,
  mas d'aital guiza se gueris:
  un' erba qa'a nom milfueill,
  et autras sinc matin hom cueill, (sic Ms. Paris)
2245 staphizagria penretz,
  sestas tres erbas trusaretz

¹) Ms. endecx; R. L. III. 20 défaut. ²) R. L. 3. 319: bevanda. ³) Le vers 2195 manque. ⁴) R. L. 2. 49: taie blanche, maille.

4

   tro qu' en puscatz pinholas far
   e datz l' en soven a manjar.
   encara prendetz la caussida,
2250 qu' en peira nais e pren sa vida
   e sa carn li moillaretz el suc:
   aiso gueris peira de suc.
   enquera s' om en suc de gram
   lo moilla soven son reclam
2255 o en aquel de l'eiresel,
   peira no pot estar ab el
   en calque luec que nada sia,
   que de se non tenga sa via.
  LXXIV. Cant auzel gieta sa gorga.
   Auzel que sa gorga gieta,
2260 covenra far aital dieta;
   lo matinet l'abeuraretz,
   tro al vespre lo tenretz
   que ja de re non tastern,
   mas adoncas li covenra
2265 que si com feziza o ditz
   li done passer o perditz,
   e per aiga buillen passatz
   tota l'autra carn que ill donatz,
   et ancar feziga ensenha
2270 c'om la muelll el suc de sermenha (cerfeuil)
   o de serpol que aitant val; (serpolet)
   pero si l' auzel a tant mal
   que aiso no ill puesca valer,
   a far sa gorga retener,
2275 prendetz una jove galina,
   non ges magrota ni mesquina
   ans sia gransa per razo, (sic)
   la cui tal batetz deviro
   ab una verghetta, tro pel sanc
2280 torne vermeill so qu' era blanc.
   pueis can n'auretz la cueisa tracha,
   aquella glassa qu' aura facha (R. L. 3. 474)
   lo ausel desus vos n'ostaretz,
   la cueissa un pauc refreisaretz;
2285 aprop aures un glot de vi (R. L. 3. 478)
   et un pauc de sal autresi (R. L. 4. 263)
   en vostra boca mastigat,
   e cant auretz aco gitat
   en la coissa, pueis ne paisetz
2290 l' ausel . . . . mas si devetz
   en totas guizas dar plumada,
   apres mange carn salviada
   enquera segon **Alixandre**
   qui moill' en suc de coriandre
2295 la carn qu' a son auzel pot dar. [1]
   tot vomit li fai estancar,
   pero per tal caus'el si lais
   de vomir, aisi 'l fares mais
   que sera sert e be leugier,
2300 prendetz las foeillas del laurier,
   en bon vi las boilletz tan
   qu' el vis torn a ters pergaran [2]

   e cant aiso er refreist
   un pouzi auretz asermat
2305 e deetz li beure d' aquel vi
   tro que sia mort sus aqui,
   pueis de la cueisa paiseretz
   l'auzel que plus no l' en daretz.
  LXXV. Cant auzel a fastic. (fol. 16 r°.)
   Vomit e fastic non es ges
2310 segon feziza una res;
   vomit es cant a pro manjat
   e pueis o gieta mal son grat;
   fasticx es car non pot manjar (R. L. 3. 281)
   et aquo eis cove ill gitar,
2315 perso cove contra fastig
   al re dire que non ai dig.
   polvera penretz d'aurpimen
   en lana trusada fortmen.
   d'aco sa carn l' enpolveratz;
2320 cora que paisser lo deiatz,
   soritz vivas li datz granre (R. L. 4. 393)
   e cadel e rat que non ve,
   (metetz?) en una padeneta, (petit plat)
   c'anc no fos onhta bell' e neta
2325 en lait de cabre cozeretz
   [un] e tan que dur lo trobaretz,
   doas vetz o tres l'en donatz,
   can manjat l'aura, vos gardatz,
   si 'smentira, car si 'smentis,
2330 de sa guerizo siatz fis,
   en luna merman cuilliretz
   l'ortiga grega e far-n-etz
   polvera sotil per razo
   et apres aiatz un pao,
2335 la pel del peitz li romperetz
   e sus el sanc l'esparseretz
   la polvera, pueis donas la
   a sel auzel que fastic a.
   encar en luna decreisen
2340 faretz un autr' esperimen:
   de l'anet penretz la foilleta
   e far-n-etz sotil polvereta,
   pueis auretz un colombo viu
   grazet c'ades iesca del niu.
2345 can vostr' ausel comensara [3]
   sus a becar, el sancx parra
   d'aquella polvera li gitatz
   e giquetz l'en manjar assatz,
   e si de mati-il faitz soven,
2350 aiso ben garra leugeiramen.
  LXXVI. Cant auzel non espen sa gorga.
   Auzel que sa gorga rete
   dos jorns o tres, non l' estai be,
   per so ill deu hom adec secorre:
   una seda li faretz corre
2355 de caval a travers pel bec
   . . . . [4]
   e liar-s-a al col dereir,

---

[1] Ms. seilla .. que a . . . lo . . donar. [2] Ms. storz; que lo vin se reduise au tiers? [3] R. L. 2. 206: bechar.
[4] Los vers 2356 et 58 manquent au Ms.

```
             . . . . . .                            sel loc tres jorns cascun mati
       e can la seda sentira,                 2415  ab lait d'una salvatja figa,
 2360  en la boca gitara.                           e non cal que d' aiso plus diga.
       si non la pot tota gitar,                    LXXVIII. Cant auzel a tos. (toux.)
       un' autra cauza devetz far:                  Si vostr' auzel avia tos, (R. L. V. 388)
       aiatz de fort leixiu de vitz ¹)              de-l guerir fosetz fort coitos,
       „que sia colatz et esclarzitz.               car la corada-l romp dese,
 2365  et en aquel leixiu moillatz                  e pueis metzina no i val re.
       dos jorn la carn de qu' el dirnatz      2420 aisi lo 'n gueretz eu premier:
       et al ters jorn vos li daretz                prendetz las bagas del laurer, (R. L. 2. 164)
       carn de cabra que onberetz                   polvera 'n faitz, pueis donatz la
       de buire fresc e faretz plus                 a vostr' auzel, can manjara,
 2370  mastec polverat gitas sus, (R. L. IV. 166)   ab carn cauda de colombo,
       et aisi tres jorns paisetz lo,          2425 e sapiatz que-ill tenra pro,
       non az esple, mal per razo;                  aprop faretz so que no ill faill:
       pero si la gorga es tan durzida,             prendetz sol una dossa d'aill, (gousse)
       que sia cais enpeirezida,                    cozetz el foc, apres auretz
 2375  e per re no-s pot digerir                    pebre mout e mesc(l)ar-ni-etz,
       ni per seda foras issir,                2430 e-l paladel ne bregatz fort
       no i a conseill, mas de-l taillar.           de l' auzel et auretz l' estort.
       los pes li faretz ben liar                   LXXIX. Cant auzel a defeci.
       e pueis del lonc vos lo taillatz             „Si bos auzel cais en defesi, (R. L. III. 22)
 2380  la gorga on plus dreit puscatz.              „so l'ave per maistre nesi
       aitan can la boca tenra,                2435 „que son bec adobar no ill denha
       ja plus taillar (no) covenra:                „avans qu' el defesis avenha,
       la gorga son doas peletas, (pellicules)      aiso pot totz hom ben entendre,
       asatz primas e sotiletas.                    ab sol un pauc i veilla entendre.
 2385  a cascuna taillar cove,                      auzel que a trop lonc bec,
       c' autramen non valria re.              2440 non pot esser soven no-s pec
       can la gorga sera taillada                   a transglotir la carn que pren,
       e de tota la carn voiada,                    car lo morsels el bec si pren,
       ab vin blanc la devetz lavar (fol. 16 v°.)   et el s'esforsa d'el trair
 2390  e dins poires suau menar                     e non pot trair cant que tir,
       una pena que meille l' escura,          2445 car la carn el bec si te,
       e per tal que dese meillura,                 l' autra sus el paladel ve,
       coges las belas ab un fil                    et el se claus que slenar
       que sia de seda sotil;                       non pot mas un pauc per la nar,
 2395  cant er cozit de som en som,                 e l' aiga que sol far son cors
       d'una cueissa de colom                  2450 per las nars, devia-s aillors,
       o de galina paiseretz                        car la nars intra trop per forsa
       et enmaillorat le tenretz (R. L. IV. 131)    e coven si que las destorsa
       a tot lo meins tres jorns e catre            e per destorser torna escuma; (R. L. V. 376)
 2400  per tal que no-s puesca debatre (le Ms. ques) 2455 aprop sec l' aer per costuma
       car en V jorns er meillaratz                 entro qu' es sus en la corada.
       et en sa vigor retornatz.                    e car s' es aqui ajustada,
       LXXVII. Cant auzel non pot piular.           estai tan tro que la vom,
       Si vostr' auzel es pepidos,                   . . . . . . ²)
 2405  so es de cridar volontos                     perso cove c' om tenga tal
       e cridar non pot tan ni can,            2460 lo bec que no [i]ll puesca far mal:
       mas que vai la gola badan                    tenga lo ill hom bren e deslivre,
       qu' estiers non pot fornir son clam,         que leu de son morsel se deslivre
       et ad un' aguilleta d'aram                   mas si 'sdeve per mala garda
       ambas las nars li pertusatz                  car hom son bec be no ill regarda,
 2410  e d' outr[a] en outra la passatz;       2465 que sia faitz defesios,
       aprop li faitz una sauzeta:                  un conseill hi a que es bos, (R. L. VI. 100)
       doas venetas sotz la lengueta                e be i a hom sa loica salva:
       li taillatz e pueis bregatz li               neda penretz, api e malva
```

¹) R. L. IV. 91 lessive de vigne. ²) le vers 2458 manque au Ms.

4*

e tot ensemps fort o trusatz;
2470 trasetz n' el suc, pueis o colatz.
lo suc sera la tersa part,
e las doas seran de lart
e de grais de porc ben fondut.
cant tot er mesclat e batut,
2475 en una bella boissa 'l met [1])
perso c' ades estei plus net.
aprop sa carn vos ne daretz
ab auzel lo jorn una vetz.
s' a tant estat per non caler,
2480 que mals l' aia tout lo vezer,
las venas dels hueills li gueretz
et un pauc de sanc ne trazetz (R. L. III. 341)
„ab un flecme ben sotilet; (lancette)
car las venas semblon filet (R. L. 3, 324)
2485 qu' entres hueills e las nars estan.
sellas venetas qu' ieu deman
l' un' es de sai, l'autra de lai.
enquera faitz un petit mai:
pluma e pluma faretz pelar
2490 desus lo cap ses escorgar,
et el som on son jonhturas
dels os que resemblon corduras,
„vos lo coretz e sabetz co: (R. L. IV. 651)
ab una prova de lato
2495 fort ben cauda vos li tocatz
sel col aitan tro que veiatz (R. L. V. 97)
qu' el cuer rime; gardaretz be,
s' ill calors no venga per re
als hueills, que cozeria sos,
2500 mas faitz aisi com vol razos:
aiatz una sotil posteta
et aqui entr' els hueills li meta
e la prova si-l gardara,
que ill calor mal non lur fara,
2505 e d' aso us fam sertan e dug,
cant auzel aures, si cug
qu' el en tres jorns cobre la vista
mas a que jorn vos aiatz quista
per son manjar una rateta
2510 o sivals una passereta
e totas vivas datz las li;
„car plus si deleita, enaisi (R. L. II. 505)
„sesta coitura es valens
az auzel cant es no vezens
2515 que bos e bels a vizcut tan,
que non pot vezer tan ni can.
LXXX. Cant auzel a batige. (palpitation.)
„Si vostr' auzel es trop pensius, (R. L. 2. 132)
„so fai asma, una mala esquius,
que ill fai batre lo cor[s] plus fort
2520 que no deu et sama le mort.
la limadura des eram (sic) (limaille de cuivre)
li datz soven sus el reclam.
„de rafe penretz raifeias (R. L. V. 30)
„et autresi coma rabetas

2525 sotz las cenres las cozeretz,
apres buire demanes auretz,
e can sera ensemps mesclats
e be . . . . trusatz,
en deju daretz a manjar
2530 a vostr' auzel. per meilla polsar,
prendetz polvera d'aurpimen
et umpletz una cor ben e gen
o de colom o de ponzi,
e datz l' en soven autressi.
2535 e s' un petitet la mesclatz
de pebre, mout er meills asatz.
de lart faretz vos tres morsels
tals que-ls puesca trair l'auzels.
cant en mel los auretz moillatz,
2540 limadura de fer aiatz,
e-ls morsels ne cobrires totz
sai e lai, desus e desotz,
e can seran aisi cubert
e vos aiatz lo bec ubert
2545 de vostr' auzel, et un et un (fol. 17 v°.)
faitz los li trair en dejun. (R. L. III. 596)
tres jorns li datz e non ren ala,
car enaisi o vol sos mals;
e'l cart jorn auretz asermat
2550 un pouzi tant enebriat
ques no-s puesca mover d'un loc;
lo peitz l' escalfaretz al foc
e batetz lo mout azautet
per lo peitz ab un vergantet,
2555 aprop s' el peitz al' escalfatz,
en caut lait de cabra moillatz,
vos li dares tres jorns secsec
e que non puesca penre bec
ni gitar so que manjat a, (le Ms.: gitetz)
2560 tenetz lo granre sus el ma.
apres lo paisses co us soletz,
de passeretas si'n avetz
e d'autres auzeletz petitz,
et aisi er dese gueritz.
2565 enquera faire li podetz
autra metzina si-us voletz:
d'un mouto penres tot la fel
e mesclar-l-etz ab tant de mel,
qu' er escumatz premeiramen.
2570 d' aital mescla comunalmen
metetz un pauc en un budel
de galina o de porsel,
e liatz l' un e l' autre cap
perso que dins re non escap.
2575 so daretz az auzel pelos,
e sapiatz qu' er li grans pros.
„enquera si 'l voletz erebre, [2])
„cercaretz un pauc de [mout] pebre
e l' enteruscle de las vitz, (R. L. III. 130)
2580 festuca de malvas e raitz (R. L. III. 318)
de rafe e de lart granre:

[1]) R. L. 2. 233 boissa = boîte. [2]) R. L. III. 139 réchapper.

```
         tot aiso cozeretz fort be,                    ab mel o ab buire mesclada
         e can er cueit e perboillit,                  et en sanc de colomp moillada.
         et avant que sia refrezit                     LXXXIII. Cant auzel a felige.
2585     a lei de sersa o colatz,                      Si vostr' auzel feliges pren, (R. L. 3. 301)
         e cant er freit, vos ne donatz        2640    fort li sera de leu parvens,
         al auzel un pauc a manjar                     „car sel mal lo bec garezis (R. L. III. 431)
         lo ser az ora de colgar.                      „e-ls pes, e l' auzel enardis,
         LXXXI. Cant auzel a gran set.                 que plus volontos er sent tans,
         Si vostr' auzel a trop gran set               que non aura estat enans.
2590     e volontiers en aiga-s met           2645     en doas guizas ve sest mals,
         per sol beure, non per banhar,                de l' un gueris, l' autr'es mortals.
         enaissi-l devetz metzinar:                    lo mortals ve cant lo fels romp,
         api eleuestis queretz, (sic Ms. P.) comp. v. 2686    „adoncx la colera corromp (R. L. 2. 438 bile)
         foeillas de veills cauls hi metetz            „tot lo fetge e l' autre cors,
2595     e de las brancas del anet            2650     et es tot greu dins e defors.
         ab aitan de fenoill verdet                    „l'autre mals ve, car tant sobronda ²)
         e coriandre autressi.                         „la colera que no l'aonda
         tot aiso cozetz en blanc vi,                  „sel vaiselet on deu estar,
         e si vi fort blanc non trobatz                so es lo fels e va-s mesclar
2600     en l' autre de l'aiga mesclatz.      2655     „ab lo sanc et torna-l plus groc, (R. L. IV. 512)
         de mel hi ais un plen cuiller                 „non es boiols d' ueu cueit en foc.
         qu' er be escumaiz de premier.                „tot so sanc li crema et art (R. L. V. 421)
         . . . . . . . . . ¹)                          „e fa-l tornar aitant auzart,
         can sera freitz, donatz ne pro (R. L. 5. 216) c'a se mezeis encomburis.
2605     al auzel[s] asedatz a beure,         2660     e sela que no l'engueris,
         e si per so no se vol pleure,                 soccoretz li doncas aisi,
         donatz l' en a beure per forsa                com ieu dirai eras aisi:
         si voletz que del set esforsa.                en loec aigos dejosta riu,
         enquers si vezetz que beus                    car aqui nais e creis e viu,
2610     mais c' auzels sas beure non deia,   2665     un' erba queretz bon' e bella,
         de bel mel esc[h]umat e net                   c' om elcirum per nom apella.
         metetz en un bel vaiselet,                    eboric clamar la podetz, (R. L. III. 93)
         e mesclatz hi pro d'aiga freia,               erba negra, si-us voletz,
         pueis ne faitz al auzel enveia                en aut creis et a rams cairatz. (R. L. V. 11)
2615     ab una vergueta moven                2670     et aital fueilla si queretz,
         e s'el lo cap ves l' aigu' esten,             com sera d' una gran ortiga,
         per neguna re no-l movatz,                    „per som del ram met tal espiga (R. L. V. 51)
         a sa guiza beure 'l laisatz.                  „que resembla un razimet,
         LXXXII. Cant auzel a vesigas.                 cant hom la troba petitet.
         Totz auzels que-s debat soven,       2675     sesta bon' erba que us ai dicha
2620     tant a de beure gran talen,                   per nom, e per faiso describa,
         que de las . . . . laisa cazer,               trusatz tan fort que suc n' aiatz
         tan tost com pot l'aiga vezer,                et el suc sa carn li moillatz,
         vesigas a per mei lo peitz (R. L. V. 526)     e promet vos, no m'en blasmetz
         e sotz las alas que-ill faun peitz,  2680     de re, can provat o auretz.
2625     so son pancas bossas que naison               s' el feliges non es trop greus,
         az auzel, e panzar no-l laison.               faitz li autras metzinas leus:
         tan tost com so conoiseretz,                  „la flor batuda de saletz (R. L. V. 140)
         carn enmelada li daretz.                      „ab carn mesclada li daretz.
         l' autre jorn aiatz asermat          2685     d' aiso que ditz sus contra set,
2630     que ill detz carn ab ol rosat.                on api e lenestic met, (comp. 2593)
         autre guerimen li faretz:                     li donatz a beure soven, (le Ms. deubre)
         de l' aloen li donaretz (fol. 18 r°.)         e far-l-a pro, mou escien.
         sus en la carn enpolveratz:                   encara faitz un' autra practica:
         cant un jorn l' en suretz donat,     2690     la carn moillatz en suc de patica
2635     set jorns secsec lo paiseretz                 „de grasula de barbaiol ³)
         de carn de cabra que auretz.                  „que sobre peiras estar sol.
```

¹) le vers 2603 manque.   ²) R. L. IV. 372 surabonde.   ³) R. L. III. 501 fruit de joubarbe.

LXXXIV. Cant auzel a fileira.
Autre mals es c' a nom fileira
e fai auzels d'aital maneira
2695 que-ls pes e 'l bec li torna blancx
et huellls fers, trebols e cans
e tals que semblon mala re.
aisesta malautia ve,
can colera si torn[a] a rusta,
2700 que per tot ab lo sanc s' ajusta.
aquest l' ausi tot e l' afola
que no pensa que lo ill tola.
los gras de leuol faitz secar
tan qu' en puscatz polvera far.
2705 apres voillatz que soven tast
d' aquella polvera en son past.

si 'l mal perso lo dazapila, (R. L. IV. 540)
lo fel li donatz d' un'anguila
que sia claus tot en un cor
2700 de galina, si que desor
fol. 18 v°.) non aia 'l cor en luec tocat
ni 'l senta tro l'aia manjat.
„e del reubarba autresi (R. L. V. 89)
„ab aiga freia, un mati,
2715 li datz a beure, meill o no.
e si trobatz en tal sazo
unas bestias qu' aun nom cigalas
que fan lur cant desotz las alas,
polvera'n faitz e donatz l' en
2720 sus en la carn manjar soven.

Voici le texte bien incomplet que j'offre à la critique et à l'interprétation. Je n'en ai voulu corriger que les fautes les plus évidentes, quoique quelques-unes, surtout celles qui pèchent contre la mesure, n'exigent que l'élision de peu de lettres. Bien des mots ne se trouvent encore ni dans les dictionnaires ni dans l'Elucidaire; mais peut-être cette publication servira-t-elle à un connaisseur de la langue provençale pour une collation future du manuscrit Barberini. Le reste qui se compose de 28 chapitres à 1040 vers, sera avant peu publié dans l'Archive de Mr. le professeur Herrig dès que j'aurai reçu la suite des notices sur le Ms. de Vich.

Dr. Sachs.

Schulnachrichten.

I. Lehrverfassung.

Prima. (Ordinarius: Der Director.)

Religion. 2 St. Oberlehrer Conrad. Kirchengeschichte nach den Hauptpunkten ihrer inneren Entwicklung, die apostolische Zeit im Anschlusse an die Lecture der Apostelgeschichte. Repetition von Kirchenliedern. **Deutsch.** 3 St. Der Director. Lectüre des Götz von Berlichingen von Göthe, mehrerer Oden Klopstock's und des Spazierganges von Schiller. Besprechung der Aufsätze. **Latein.** 4 Stdn. Oberlehrer Klantzsch. Lectüre von Liv. I und II, bis c. 30. Aus Ranke's Chrestomathie: Ovid. Met. I, 211—239. VI, 317—381. V, 341—571. I, 89—112. XII, 39—145. VIII, 152—235. VIII, 619—725. XI, 410—748. IV, 55—166. II, 1—339. XII, 612—XIII, 308. Extemporalien zur Repetition der Grammatik. **Französisch.** 4 St. Oberlehrer Dr. Sachs. Lectüre aus Herrig's La France littéraire und Racine Britannicus. Aufsätze, Exercitien, Extemporalien und freie Vorträge im Anschlusse an die Privatlectüre; Repetitionen aus der Grammatik. Der Unterricht in französischer Sprache. **Englisch.** 3 St. Derselbe. Lectüre aus Herrig's The British Classical Authors und von Byron's Sardanapalus. Aufsätze, Exercitien und Extemporalien. Repetition der Syntax; Privatlectüre. Der Unterricht in englischer Sprache. **Geschichte.** 3 St. Collaborator Dr. Steinhausen. Universalgeschichte mit besonderer Rücksicht auf die Entwicklung der Cultur von 814 bis 1648 nach Christi Geburt. **Naturwissenschaften.** 6 St. Professor Dr. Kirchner. **Physik.** 2 St. Statik und Dynamik tropfbar- und elastisch-flüssiger Körper. Akustik. Aufgaben. **Chemie.** 3 St. Aus der anorganischen Chemie Repetition und Erweiterung der Lehre von den Metalloxiden und einigen Gruppen der Metalle, aus der organischen Chemie Abschluss der Phytochemie und Zoochemie. Stöchiometrische Aufgaben. **Mathematische Geographie.** 1 Stunde. Nach Wiegand's Grundriss. Aufgaben. **Mathematik.** 5 St. Der Director. Aus der Arithmetik die Lehre von den Gleichungen 3. Grades, Permutationen, Combinationen und Variationen, der binomische Lehrsatz, die arithmetischen Reihen und die figurirten Zahlen. Analytische Geometrie und Kegelschnitte. Lösung von Aufgaben. **Zeichnen.** 3 St. Lehrer Reishaus. Geometrisches Zeichnen.

Secunda. (Ordinarius: Professor Dr. Kirchner.)

Religion. 2 St. Oberlehrer Conrad. Kirchengeschichte nach den Hauptpunkten ihres äusseren Verlaufs, insbesondere die apostolische Zeit im Anschluss an die Apostelgeschichte, Geschichte der Ausbreitung des Christenthums und der Verfolgungen, Bekehrung der germanischen Völker, Entwicklung des Papstthums, Vorläufer der Reformation, Reformationsgeschichte. Repetition von Kirchenliedern. **Deutsch.** 3 St. Derselbe. Im Sommer Lectüre des Gudrunliedes in der Bearbeitung von Klendorf, im Winter Lectüre von Göthe's „Hermann und Dorothea". Auswendiglernen und Besprechung einer Anzahl Volkslieder. Repetition der Satz- und Interpunctionslehre. Besprechung der Aufsätze. **Latein.** 4 St. Der Director. Lectüre von Caes. de bello Gall. VI und VII. Syntax nach Spieß Cap. 102, 103, 104 und Repetit. und Erweiterung der Lehre vom Modus und Tempus. Im Sommer in je 14 Tagen, im Winter wöchentlich ein Exercitium. Extemporalien. **Französisch.** 4 St. Oberlehrer Dr. **Sachs.** Lectüre von Schütz Les grands faits de l'histoire de France I. 1—8 incl. mit Sprechübungen, Grammatik nach Plötz II., VII bis Ende und Repetition der ersten Capitel. Wöchentlich ein Exercitium oder Extemporale. Privatlectüre. **Englisch.** 3 St. Derselbe. Lectüre aus Macaulay England in 1685 ed. Dr. Sachs. Syntax nach Fölsings Grammatik II. Privatlectüre. Wöchentlich ein Exercitium oder Extemporale. **Geschichte.** 3 St. Collab. Dr. **Steinhausen.** Weltgeschichte von 814 bis 1648 nach Christi Geburt. **Naturwissenschaften.** 6 St. Prof. Dr. **Kirchner. Physik.** 2 St. Electromagnetismus, Inductionselectricität, Wärmelehre, besonders Dampfmaschinenlehre. Aufgaben. **Chemie.** 2 St. Die Metalloide und Säuren nach Stöckhardt's Schule der Chemie. Stöchiometrische Aufgaben. **Naturgeschichte.** 2 St. Im Sommer Zoologie, besonders Anatomie und Physiologie, im Winter Mineralogie nach Fürnrohr. **Mathematik.** 4 St. Derselbe. Repetition der Planimetrie, besonders Kreisrechnungen. Die 7 Grundrechnungen der Arithmetik, Gleichungen des I. und II. Grades, die arithmetischen und geometrischen Progressionen nebst Anwendung auf Zinseszins- und Rentenrechnung, die ebene Trigonometrie und Aufgaben. **Rechnen.** 1 St. Collab. **Bode.** Cours- und Wechselrechnungen. **Zeichnen.** 2 St., comb. mit Prima. Geometrisches, Plan- und Situationszeichnen.

Ober-Tertia. (Ordinarius: Oberlehrer Klautsch.)

Religion. 2 St. Oberlehrer **Conrad.** Gang der Heilsgeschichte, der Vorbereitung im Alten und der Erfüllung im Neuen Testament nach Thomasius im Anschlusse an die betreffenden Abschnitte der heiligen Schrift. Geographie von Palästina. Repetition des vierten Hauptstücks und einer Anzahl von Kirchenliedern. **Deutsch.** 3 St. Oberlehrer **Klautsch.** Repetition der wichtigsten Abschnitte der Grammatik im Anschluß an Hiecke's Lesebuch. Erklärung ausgewählter Gedichte und Echtermeyer's Sammlung. Memoriren und Deklamiren derselben. Besprechung der Aufsätze, die alle 14 Tage geliefert wurden. Die Privatlectüre wurde durch Vorträge controllirt. **Latein.** 5 St. Derselbe. Repetition der frühern grammatischen Pensa. Aus der Syntax die Lehre von den Temp. und Modi nach Spieß Cap. 91—98 incl. und 101. und 102. Lectüre von Corn. Nep.: Alcibiad., Dion, Datam., Eumenes. — Caes. de bello Gall. I, 1—30. Wöchentlich ein Exercitium oder Extemporale. **Französisch.** 4 St. Derselbe. Grammatik nach Plötz II, 29—57. Repetition der früheren Pensa. Lectüre von Racine: Athalie. Wöchentlich ein Exercit. oder Extemporale. **Englisch.** 4 St. Oberlehrer Dr. **Sachs.** Grammatik nach Plate I, unregelmäßige Verba; Sprechübungen im Anschluß an die Lectüre der Lesestücke im Buche, Dictate, Gedichte und Lernen derselben. Wöchentlich ein Exercitium oder Extemporale. **Geschichte.** 2 St. Oberlehrer **Klautsch.** Brandenburg-preussische Geschichte bis 1815. Repetit. der griechischen und römischen Geschichte. **Geographie.** 2 St. Derselbe. Handelsgeographie mit besonderer Berücksichtigung Preußens. **Physik.** 2 St. Professor Dr. **Kirchner.** Grunderscheinungen und Hauptgesetze der Natur. Maschinenlehre. Aufgaben. **Mathematik.** 4 St. Derselbe. Abschluß der Planimetrie, die sechs ersten Grundrechnungen der Arithmetik, Gleichungen I. Grades. Aufgaben. **Rechnen.** 2 St. Collab. **Bode.** Gesellschafts-, Geldcours-, Gold- und Silberrechnung. Mischungs-, Rabatt- und Discontorechnung, Contocorrenten. Einleitung in die Wechselrechnung. Uebungen im Kopfrechnen. **Zeichnen.** 2 St. Lehrer **Reishaus.** Uebungen im Copiren und Schattiren von Blumen, Landschaften und Köpfen. Zeichnen nach der Natur.

Unter-Tertia. (Ordinarius: Oberlehrer Conrad.)

Religion. 2 St. Oberlehrer **Conrad.** Gang der Heilsgeschichte im Alten Testament nach Thomasius (A. T. §§ 1—59) im Anschlusse an die betreffenden Abschnitte der heiligen Schrift. Geographie von Palästina. Repetition des ersten und vierten Hauptstücks und einer Anzahl von Kirchenliedern. Einige Psalmen wurden gelernt. **Deutsch.** 3 St. Derselbe. Repetition einiger grammatischen Abschnitte. Erklärung Schiller'scher Balladen aus Echtermeyer's Sammlung, sowie einiger Volkslieder. Memoriren und Deklamiren derselben. Lectüre aus Hiecke's deutschem Lesebuche in der Classe und zu Hause und Besprechung des Gelesenen. Alle 14 Tage ein Aufsatz. **Latein.** 5 St. Derselbe. Repetition der früheren grammatischen Pensa. Aus der Syntax Erweiterung der Lehre vom Casus und Modus, sowie vom Infinitiv nach Spiess. Lectüre von Corn. Nepos: Thrasybulus, Conon, Iphicrates, Chabrias, Timotheus, Epaminondas, Agesilaus, Phocion. Im Sommer alle 14 Tage, im Winter wöchentlich ein Exercitium; außerdem alle 4 Wochen ein Extemporale. **Französisch.** 4 St. Collab. Dr. Steinhausen. Grammatik nach Plötz II. Lect. 1—23 incl. Lectüre aus Plötz Lectures choisies. Wöchentlich ein Exercitium oder Extemporale. **Englisch.** 4 St. Oberlehrer Dr. Sachs. Grammatik nach Plate I erster Abschnitt und einzelne Kapitel aus dem zweiten. Leichtere Sprechübungen und Lesen einzelner zusammenhängenden Stücke. Exercitien und Extemporalien. **Geschichte.** 2 St. Oberlehrer Conrad. Deutsche Geschichte im Mittelalter vom ersten Auftreten der germanischen Völker bis zur Reformation, unter besonderer Berücksichtigung der Brandenburg. Geschichte. **Geographie.** 2 St. Oberlehrer Klantsch. Repetition der fremden Erdtheile mit Rücksicht auf die wichtigsten Producte und Handelswege. **Naturgeschichte.** 2 St. Collab. Dr. Pinzger. Im Sommer Botanik. Uebungen im Bestimmen und das Leben der Pflanzen. Das natürliche System Jussiou's und de Candolle's. Im Winter Mineralogie: Krystallographie, allgemeine Eigenschaften der Minerale, die gediegenen Metalle. **Mathematik.** 4 St. Derselbe. Lehre von den Parallelogrammen und Vierecken und Kreislehre und Lehre von den regulären Polygonen. Proportionen. Aehnlichkeit. Häusliche Arbeiten wurden wöchentlich corrigirt. **Rechnen.** 2 St. Collab. Bode. Wiederholung der einfachen und zusammengesetzten Regeldetri, Rabatt- und Discontorechnung. **Zeichnen.** 2 St. Lehrer Reishaus. Wie in Ober-Tertia.

Quarta, Coetus I. (Ordinarius: Collaborator Dr. Walter.)

Religion. 2 St. Collab. Braun. Im Sommer Erklärung des ersten, im Winter Erklärung des zweiten Hauptstücks. Neu gelernt das vierte und fünfte Hauptstück und das dritte wiederholt. Erklärung und Einprägung von 9 Kirchenliedern. **Deutsch.** 4 St. Collab. Dr. Walter. Die Lehre vom zusammengesetzten Satze, geübt am Lesebuche von Gude und Gittermann. Uebungen im Declamiren und in leichteren Vorträgen. Alle 14 Tage ein Aufsatz. **Latein.** 6 St. Derselbe. Grammatik: Die wichtigsten Regeln über den Gebrauch des Casus und Modi nach Spiess. Lectüre aus Blume's Elementarbuch, Cursus II, Abschnitt IV, Corn. Nep.: Aristides, Pausanias, Cimon, Lysander. Wöchentlich ein Exercitium oder Extemporale. **Französisch.** 5 St. Derselbe. Grammatik und Lectüre aus Plötz, Cursus I, Abschnitt 4 und 5. Wöchentlich ein Exercitium oder Extemporale. Uebungen im Sprechen. Zum Memoriren wurden Abschnitte aus dem Lesebuche benutzt. **Geschichte.** 2 St. Im Sommer Dr. Pyllemann, im Winter Dr. Gödecke. Griechische Geschichte bis 146, Römische bis 31 vor Christus. **Geographie.** 2 St. Collab. Dr. Walter. Mathematische Geographie und Repetition und Erweiterung sämmtlicher früheren Pensen. **Naturgeschichte.** 2 St. Collab. Dr. Pinzger. Im Sommer Botanik. Beschreibung vieler lebenden Pflanzen. Erklärung des Linné'schen Systems an denselben. Im Winter die Gliederthiere. Specielle Beschreibung der Insecten, insbesondere der Käfer, und Uebersicht über die übrigen Klassen. **Geometrie.** 2 St. Derselbe. Linien, geradlinige Winkel, Parallellinien, die Congruenz der Dreiecke. **Rechnen.** 3 St. Im Sommer Collab. Dr. Pinzger, im Winter Collab. Bode. Einfache Regeldetri, Zinsrechnung, zusammengesetzte Regeldetri. Wöchentlich 1 St. Kopfrechnen. Häusliche Aufgaben. **Schreiben.** 2 St. Lehrer Koch. Deutsche und lateinische Schrift nach Hertzsprung Vorschriften. Formulare für das Geschäftsleben. Signaturen. **Zeichnen.** 2 St. Im Sommer Lehrer Reishaus, im Winter Lehrer Meyer. Uebungen im Copiren und Schattiren von Blumen, Landschaften und Köpfen. Zeichnen nach der Natur.

Quarta, Coetus II. (Ordinarius: Collaborator Dr. Steinhausen.)

Religion. 2 St. Collab. Braun. Wie in Coetus I. **Deutsch.** 4 St. Collab. Dr. Steinhausen. Wie in Coetus I. **Latein.** 6 St. Derselbe. Wie in Coetus I. **Französisch.** 5 St. Collaborator Dr. Walter. Wie in Coetus I. **Geschichte.** 2 St. Collab. Dr. Steinhausen. Wie in Coetus I. **Geographie.** 2 St. Collab. Dr. Walter. Im Sommer Dr. Pyllemann, im Winter Dr. Gödecke. Wie in Coetus I. **Naturgeschichte.** 2 St. Dr. Pinzger. Wie in Coetus I. **Geometrie.** 2 St. Dr. Pinzger. Wie in Coetus I. **Rechnen.** 3 St. Im Sommer Collab. Dr. Pinzger, im Winter Collab. Bode. Wie in Coetus I. **Schreiben.** 2 St. Lehrer Koch. Wie in Coetus I. **Zeichnen.** 2 St. Lehrer Reishaus. Wie in Coetus I.

Quinta, Coetus I. (Ordinarius: Collaborator Braun.)

Religion. 3 St. Collab. Braun. Biblische Geschichte des Neuen Testaments nach Preuß. Zusammenhängende Erklärung der evangelischen Perikopen. Wiederholung des ersten Hauptstücks und Erlernung des zweiten und dritten Hauptstücks. Außerdem wurden 13 Kirchenlieder gelernt. **Deutsch.** 4 St. Derselbe. Lehre vom einfachen und zusammengesetzten Satze nach Bohm und Steinert. Aus dem Potsdamer Lesebuche wurden Stücke gelesen und erklärt, die gelesenen auch zu mündlichen Uebungen benutzt. Aufsätze im Wintersemester, im Sommersemester wurde wöchentlich ein Dictat zur Uebung in der Orthographie zur Correctur eingereicht. Extemporalien. Declamiren alle 8 Tage. **Latein.** 6 St. Derselbe. Repetition des Pensums der VI. Dann: Verba deponentia und thematica, verba anomala, die numeralia, Genus- und Casusregeln, Präpositionen. Aus dem Lesebuche von Blume wurde übersetzt Cursus I Abschnitt 1. 2. 3. 4. Cursus II Abschnitt 1. 2. 3. Im Sommer alle 14 Tage, im Winter wöchentlich ein Exercitium oder Extemporale. **Französisch.** 5 St. Im Sommer Dr. Pyllemann, im Winter Dr. Gödecke. Grammatik und Lectüre aus Plötz, Cursus I, Abschnitt 1. 2. 3. Regelmäßige Conjugationen. Wöchentlich ein Exercitium oder Extemporale. **Geschichte.** 1 St. Collab. Braun. Griechische Sagengeschichte. **Geographie.** 2 St. Derselbe. Im Sommer Europa, im Winter Asien und Amerika. **Naturgeschichte.** 2 St. Dr. Pinzger. Im Sommer Botanik. Beschreibung lebender Pflanzen, Uebung im Gebrauche der botanischen Terminologie. Im Winter Wirbelthiere, insbesondere Beschreibung der Vögel. Uebersicht über Amphibien und Fische. **Rechnen.** 4 St. Im Sommer Collab. Bode, im Winter Lehrer Meyer. Repetition des Pensums der VI und die 4 Species der gemeinen Brüche. Uebungen auf dem Papier und im Kopfe. **Schreiben.** 2 St. Collab. Götze. Wiederholung des kleinen, dann das große Alphabet der deutschen und lateinischen Schrift; Wörter und Sätze; Ziffern, Tactschreiben nach Hertzsprung. **Zeichnen.** 2 St. Im Sommer Lehrer Reishaus, im Winter Lehrer Meyer. Vorübungen zum Landschaftszeichnen.

Quinta, Coetus II. (Ordinarius: Im Sommer Dr. Pyllemann, im Winter Dr. Gödecke.)

Religion. 3 St. Im Sommer Collab. Braun, im Winter Lehrer Mießner. Wie in Coetus I. **Deutsch.** 4 St. Im Sommer Dr. Pyllemann, im Winter Dr. Gödecke. Wie in Coetus I. **Latein.** 6 St. Dieselben. Wie in Coetus I. **Französisch.** 5 St. Dieselben. Wie in Coetus I. **Geschichte.** 1 St. Im Sommer Dr. Gödecke, im Winter Collab. Braun. Wie in Coetus I. **Geographie.** 2 St. Im Sommer Dr. Gödecke, im Winter Collab. Braun. Wie in Coetus I. **Naturgeschichte.** 2 St. Im Sommer combin., im Winter Lehrer Mießner. Wie in Coetus I. **Rechnen.** 4 St. Im Sommer Collab. Bode, im Winter Lehrer Meyer. Wie in Coetus I. **Schreiben.** 2 St. Im Sommer Lehrer Koch, im Winter Lehrer Mießner. Wie in Coetus I. **Zeichnen.** 2 St. Im Sommer Collab. Bode, im Winter Lehrer Meyer. Wie in Coetus I.

Sexta, Coetus I. (Ordinarius: Collaborator Götze.)

Religion. 3 St. Collab. Götze. Bibl. Geschichte des Alten Testaments im Zusammenhange. Die beiden ersten Hauptstücke wurden gelernt und kurz erklärt. Einzelne Sprüche und Gebete. 12 Kirchenlieder. **Deutsch.** 4 St. Derselbe. Nach einer Repetition des früheren Cursus wurde das Verbum, das Pronomen und die Präpositionen geübt. Aus dem Potsdamer Lesebuche wurden Stücke gelesen, erklärt und von den Schülern wieder erzählt. Alle 14 Tage wurde ein Gedicht gelernt und declamirt. Wöchentlich eine orthographische Arbeit. **Latein.** 8 St. Derselbe. Declination der Substantiva und Adjectiva, sum und die 4 regelmäßigen Conjugationen, die Comparation, die Pronomina und die Hauptcasusregeln. Uebersetzt wurde aus dem Tirocinium 1—80. Im Sommer wöchentlich ein Exercitium oder Extemporale, im Winter wöchentlich beides. **Geschichte.** 1 St. Im Sommer Dr. Gödecke, im Winter Collab. Dr. Pinzger. Im Sommer kleinere Sagen des klassischen Alterthums, im Winter die Herkulesssage und der Trojanische Krieg. **Geographie.** 2 St. Dieselben. Im Sommer Vorbegriffe, Australien, Afrika; im Winter Afrika: Nilländer. Europa, physikalische und politische Geographie, insbesondere diejenige Deutschlands. **Naturgeschichte.** 2 St. Im Sommer Lehrer Müntzlitz, im Winter Lehrer Mießner. Im Sommer Botanik, im Winter specielle Behandlung der Säugethiere. **Rechnen.** 5 St. Collab. Götze. a) Tafelrechnen: Die vier Species in benannten und unbenannten Zahlen, Zeitrechnung und Regeldetri. b) Kopfrechnen: Uebung in Anwendung der vier Species auf leichte Aufgaben aus dem Leben. **Schreiben.** 3 St. Lehrer Koch. Die kleinen und großen Buchstaben deutscher und lateinischer Schrift, Wörter und Sätze, Ziffern, Tactschreiben. **Zeichnen.** 2 St. Im Sommer Collab. Bode, im Winter Lehrer Meyer. Darstellung geradliniger Figuren; Uebungen im Theilen gerader Linien und Winkel.

Sexta, Coetus II. (Ordinarius: Im Sommer Dr. Gödecke, im Winter Collab. Bode.)

Religion. 3 St. Im Sommer Lehrer Mützliz, im Winter Collab. Götze. Wie in Coetus I. **Deutsch.** 4 St. Im Sommer Dr. Gödecke, im Winter Collab. Bode. Wie in Coetus I. **Latein.** 8 St. Dieselben. Wie in Coetus I. **Geschichte.** 1 St. Im Sommer Dr. Gödecke, im Winter Collab. Dr. Pinzger. Wie in Coetus I. **Geographie.** 2 St. Dieselben. Wie in Coetus I. **Naturgeschichte.** 2 St. Im Sommer Lehrer Mützliz, im Winter Lehrer Mießner. Wie in Coetus I. **Rechnen.** 5 St. Collab. Bode. Wie in Coetus I. **Schreiben.** 3 St. Lehrer Koch. Wie in Coetus I. **Zeichnen.** 2 St. Im Sommer Collab. Bode, im Winter Lehrer Meyer. Wie in Coetus I.

I. Vorschulklasse. (Ordinarius: Lehrer Reishaus.)

Religion. 2 St. Im Sommer Collab. Götze, im Winter Lehrer Meyer. Ausgewählte Geschichten des Alten und Neuen Testaments; die Gebote, Sprüche und Gebete. **Rechnen.** 5 St. Dieselben. a) Tafelrechnen: Die vier Species in unbenannten Zahlen; b) Kopfrechnen: Einübung derselben in kleineren Zahlen. **Lesen und Deutsch.** 8 St. Lehrer Reishaus. Hauptaufgabe ist sicheres und sinngemäßes Lesen. Die Schüler wurden zum Wiedererzählen des Gelesenen angehalten. An dem Lesestoff wurde die Flection des Subst., Adjectiv und Verbum und die Zergliederung des einfachen Satzes geübt. **Orthographie.** 3 St. Derselbe. Die Regeln wurden in den Dictaten während der Lection geübt und wöchentlich ein Dictat zur Correctur eingeliefert. **Geographie.** 2 St. Im Sommer Dr. Gödecke, im Winter Lehrer Meyer. Die Vorbegriffe und das Allgemeinste von Europa. **Schreiben.** 4 St. Lehrer Reishaus. Wörter in deutscher und lateinischer Schrift. **Zeichnen.** 2 St. Derselbe. Die gerade Linie wurde geübt.

II. Vorschulklasse. (Ordinarien: Collab. Schirrmeister und Lehrer Koch.)

I. Abtheilung. **Religion.** 2 St. Im Sommer Collab. Götze, im Winter Lehrer Meyer. Ausgewählte biblische Geschichten des Alten Testaments; bei Gelegenheit der christlichen Feste das Faßlichste aus dem Leben Jesu. **Lesen.** 10 St. 5 St. Lehrer Koch, 5 St. comb. mit Abtheilung II, Collaborator Schirrmeister. Aus dem Schierhornschen Lesebuche wurden die schwierigeren Abschnitte gelesen und erklärt. **Orthographie.** 2 St. Lehrer Koch. Die Regeln wurden in den Stunden eingeübt und wöchentlich eine Arbeit zur Correctur eingeliefert. **Declamationsübungen.** 1 St. Collab. Götze. Fabeln aus Specter's Sammlung wurden gelernt und declamirt. **Rechnen.** 5 St. Lehrer Koch. Die vier Species wurden mündlich eingeübt, und das Aussprechen und Schreiben der Zahlen bis zu 10 Stellen gelehrt. **Schreiben.** 4 St. Derselbe. Das kleine und große Alphabet deutscher Schrift, Wörter und kleine Sätze. II. Abtheilung. **Religion.** Comb. mit Abtheilung I. **Lesen.** 12 St. (5 St. comb. mit Abtheilung I.) Collab. Schirrmeister. Aus dem Schierhornschen Lesebuche wurde gelesen und der Inhalt, wo es nöthig schien, erklärt. **Declamationsübungen.** Comb. mit Abtheilung I. **Rechnen.** 5 St. Derselbe. Zuzählen und Abziehen. Das Einmaleins. **Schreiben.** 4 St. Derselbe. Das Alphabet der deutschen Currentschrift.

III. Vorschulklasse. (Ordinarius: Im S. in Vertretung Lehrer Koch, im W. Lehrer Mießner.)

Religion. 2 St. Der Ordinarius. Ausgewählte biblische Geschichten des Neuen Testaments mit Berücksichtigung der christlichen Feste. Kleine Sprüche, Gebete und Liederverse wurden gelernt. **Schreiblesen.** 10 St. Derselbe. Nach der Schreiblesemethode wurde das Lesen gelehrt, und dabei zugleich deutsche currentschrift auf der Schiefertafel geübt. Die ersten 36 Seiten der Schierhernschen Fibel sind absolvirt. **Rechnen.** 4 St. Derselbe. Das Zählen zunächst im Zahlenkreise bis 10, dann bis 100. Mündliche und schriftliche Uebungen im Addiren und Subtrahiren in diesem Zahlenraume.

Gesang.

In der ersten Singklasse wurden Choräle, liturgische Chöre, Motetten, Psalmen und Lieder vier- und mehrstimmig gesungen. Ausgewählte Schüler wurden privatim in vierstimmigem Männergesange geübt. Die **zweite Singklasse** wurde mit den Dur- und Mollleitern und den Dreiklängen bekannt gemacht, erlernte 40 Choräle und sang Volkslieder, Cancus und einige liturgische Chöre. Die **dritte Singklasse** sang zuerst nach dem Gehör Leitern, Treffübungen und kleine Lieder; dann nach Noten Choräle und Lieder. Bildung der Durleitern und Dreiklänge. Zusammen 6 St. Collab. **Schirrmeister.**

Turnen.

Im Sommer turnten des Montags und Freitags **von 5 bis 7 Uhr die herangewachsenen Schüler**, Mittwochs die kleineren; im Winter Mittwochs **von 2 bis 4 Uhr nur die ersteren.**

Themata der Aufsätze.

I. **Deutsche Aufsätze.** a) Prima: 1) Darstellung der Lehre vom Begriff, Urtheil und Schluß nach dem Vortrage über elementare Logik. 2) Ueber die Lust auszuwandern. 3) Wer ist der glücklichste Mensch? Der fremdes Verdienst zu empfinden und sich an fremdem Genuß wie am eigenen zu freuen versteht. (Göthe.) 4) Welches sind die wichtigsten Culturstätten der Erde, und warum sind oder waren sie es? 5) Die Gegenwart das Ergebniß der Vergangenheit. 6) Die Handlung des Schillerschen Trauerspiels „Maria Stuart" (im Anschluß an die Privatlectüre). 7) Ist das Bedürfniß der Freundschaft ein Mangel oder eine Vollkommenheit der menschlichen Natur? 8) Welche Vorgänge in Schillers „Jungfrau" müssen als Wunder aufgefaßt werden, so daß bei ihnen der Dichter sich dem Volksglauben der damaligen Zeit anschließt, und welche anderen haben nur den Anschein des Wunderbaren, sind aber vom Dichter so motivirt, daß sie eine natürliche Erklärung zulassen? (Im Anschluß an die Privatlectüre der „Jungfrau von Orleans".) 9) a. Der Gegensatz der beiden Parteien in Göthes „Götz von Berlichingen" in Ansichten und Bestrebungen. b. Der Einfluß der Armuth auf die Sittlichkeit. 10) In wie fern kann man auch von einer Kunst des Vergessens reden? 11) a. Eine Vergleichung des Lebensschicksale und des Charakters Weislingens im „Götz von Berlichingen" und des Ulrich von Rudenz im „Tell". b. Gedankengang der Schillerschen Abhandlung über Anmuth und Würde. 12) In wie weit sind die Gebärden und Mienen natürlich, ist wie weit conventionell? 13) Metrische Uebersetzung von Ovid. metam. XI, 592—649. 14) Worin unterscheidet sich die Politik der Hohenstaufen von der Radolfs von Habsburg und seiner Nachfolger? 15) Kleines ist die Wiege des Großen.

b) Secunda: 1) Das Erhabene des Krieges. 2) Die Erstürmung (eine Phantasie). 3) Der Rath des Gamaliel. 4) Die Bedeutung der Uhr für die Kultur, besonders für den Verkehr der neueren Zeit. 5) Die Jugend, der Frühling des Lebens. 6) Charakter Watens im Gudrunliede. 7) Noth entwickelt Kraft. 8) Gudrun (ein Charakterbild). 9) Leben und Treiben am Bahnhofe. 10) Der Zug der Vertriebenen (nach „Hermann und Dorothea" von Göthe). 11) Der Einzug unserer siegreichen Truppen. 12) Der Sänger (Schilderung desselben bei Schiller, Göthe, Uhland). 13) Charakteristik des Apothekers in „Hermann und Dorothea". 14) Was und wie sollen wir lesen?

II. **Französische Aufsätze** in der Prima: 1) Le faux Woldemar. 2) L'ordre teutonique. 3) Qu'est-ce que les Suédois doivent à Gustave Wasa? 4) Les Phéniciens les Anglais de l'antiquité. 5) L'inscription du piédestal de la statue de Gutenberg: „Et la lumière fut." 6) Constance. 7) Personne n'est heureux avant sa mort. 8) Le fer. 9) Blucher et Desaix. 10) Arkwright. 11) Les progrès des arts et des sciences ont-ils contribué à corrompre les moeurs?

III. **Englische Aufsätze** in der Prima: 1) John Lackland's importance for the development of England. 2) The Tournaments of the middle ages. 3) Albrecht Achilles. 4) Marengo. 5) The first ideas about the formation of the universe. 6) Alexander and Hannibal. 7) Gold, its influence and use. 8) Lewis the fourteenth and the great Elector. 9) Diocletianus and Charles the fifth. 10) Newton. 11) The two Roman empires and their end.

Lehrer.	Prima	Secunda	Ob. Tertia	Unt. Tertia	Quarta I	Quarta II	Quinta I	Quinta II	Sexta I	Sexta II	Hülfslehrer Classe I
Löbe, Director, ord. d. Prima.	Deutsch 3 Mathem. 5	Latein 4									
Dr. Kirchner, Oberlehrer, o. d. Secunda.	Physik 2 Chemie 2 Mathem. 2 Geogr. 1	Physik 2 Physik 2 Nat.gesch. 2	Mathem. 4 Physik 2								
Zachs, Oberlehrer.	Französ. 4 Englisch 3	Französ. 4 Englisch 3	Englisch 4	Englisch 4							
Stampich, Oberlehrer, o. d. Ober-Tertia.	Latein 4		Deutsch 3 Latein 5 Französ. 4 Gesch. 2 Geogr. 2	Geogr. 2							
Conrad, Oberlehrer, o. d. Unt.-Tertia.	Religion 2	Religion 2 Deutsch 3	Religion 2	Religion 2 Deutsch 3 Latein 5 Gesch. 4							
Steinhausen, Lehrer, Ordin. Quarta Coet. II		Gesch. 3	Gesch. 3	Französ. 4	Deutsch 4 Latein 6 Gesch. 2						
Walter, Lehrer, Ordin. Quarta Coet. I					Deutsch 4 Latein 6 Französ. 5 Gesch. 2	Französ. 5					
Dinger, Collaborator.					Mathem. 4 Nat.gesch. 2	Geometr. 2 Nat.gesch. 2	Nat.gesch. 2				
Braun, Gesanglehrer, Ordin. Quinta Coet. I.					Religion 2	Religion 2	Religion 3 Deutsch 4 Latein 6 Geogr. 2 Gesch. 1	Geogr. 2 Gesch. 2 Gesch. 1	Gesch. 1 Geogr. 2		
Klassenlehrer, Hilfs- u. Gesang-lehrer, o. d. Vorschul-Classe III.					Gesang 2	Gesang 2	Gesang 2				
Göte, Stadt. u. Turnl., o. d. Sexta Coet. I							Schreib. 2		Religion 3 Deutsch 4 Latein 8 Rechnen 5		
Bode, Hülfslehr., Ordin. Sexta Coet. II			Rechnen 1	Rechnen 2	Rechnen 3					Deutsch 4 Latein 8 Rechnen 5	
Kriehaus, Lehrer d. Vorschul- Cl. u. Zeichenl.	Zeichnen 1	Zeichnen 2	Zeichnen 2	Zeichnen 2		Zeichnen 2					Deutsch u. Orthogr. 11 Gesch. 4

Aufgaben zum Abiturienten-Examen.
Michaelis 1864.

Mathematische: 1) $\frac{x+y}{x-y} - \frac{x-y}{x+y} = 4\frac{4}{5}$; $\frac{1}{x} + \frac{1}{x^2}\sqrt{x-y} = \frac{4}{9\sqrt{x-y}}$. 2) Durch einen gegebenen Punkt in einem gegebenen Kreise eine Sehne so zu ziehen, daß sie durch den Punkt in irgend einem Verhältniß n:1 getheilt wird. 3) Von einem Dreiecke ist gegeben eine Seite, Höhe und Transversale zu einer der anderen; wie berechnet man die beiden anderen Seiten und die Winkel? 4) Die Summe der Reciproken zweier rechtwinklig zu einander durch einen Brennpunkt eines Kegelschnittes gezogenen Sehnen ist constant. Der Satz soll für die Ellipse bewiesen werden.

Naturwissenschaftliche: 1) Es soll das Verhältniß gefunden werden, in welchem der kleinere Radius r zum größeren Radius R bei einem halben concentrischen Kreisringe stehen muß, damit der Schwerpunkt der Fläche gerade in den Mittelpunkt m der kleineren Peripherie falle. 2) Ein Strahl weißen Lichtes tritt in ein Crownglasprisma mit einem brechenden Winkel $= 30°$ ein. Derselbe ist in einer Ebene enthalten, welche einen rechten Winkel mit der brechenden Kante des Prisma bildet, und fällt unter einem solchen Winkel auf die ihm zugekehrte Fläche des Prisma, daß die Totalablenkung des in ihm enthaltenen rothen Lichtstrahls ein Minimum wird. Wie groß ist der Winkel, den der austretende rothe Strahl mit dem austretenden violetten einschließt, wenn der Brechungsexponent des rothen Strahles 1,5 und der Brechungsexponent des violetten 1,52 ist? 3) Die Weinsäure. Es sollen 100 Pfund Weinstein mit 10% fremden Beigemengen in Arbeit genommen werden. Es wird gefragt, wie viel Weinsäure man gewinnt, wie viel Cal, CO_2, wie viel CaOl, wie viel SO_3 HO erforderlich, wie viel KOl und CaO, SO_3, 2HO als Nebenproduct entstehen, und wie viel Kohlensäure dem Raume nach entweicht. Es soll ferner berechnet werden, wie viel chlorsaures Kali aus dem als Nebenproduct erhaltenen Chlorkalium gewonnen werden kann, und wie viel CaO, HO und Cl hierzu erforderlich ist.

Deutscher Aufsatz: Hat man dem Volksspruch: „Bleibe im Lande und nähre dich redlich" unter allen Umständen zu folgen? **Englischer Aufsatz:** Compare Alexander the Great and Hannibal. Ein **französisches Exercitium.**

II. Statistisches.

Aus Prima sind zu Ostern und im Laufe des Jahres 1864 abgegangen:
1) Albert Koch, Sohn des hiesigen Kaufmanns Herrn Koch, wird Kaufmann; 2) Otto Metz, Sohn des hiesigen Kaufmanns Herrn Metz, welcher Ostern 1864 die Abiturientenprüfung bestanden hat, ist Offizier-Aspirant der Artillerie; 3) bis 5) die Abiturienten (siehe Chronik).

Uebersicht der Frequenz in dem abgelaufenen Schuljahre.

	I	II	IIIa	IIIb	IVa	IVb	Va	Vb	VIa	VII	I. B.	II. B.	II. B.	III. B.	Sa.
Abgegangen Ost. 1864:	2	17	7		9		4	8		4	24	3	2	—	80
Frequenz im S.-S. 1864:	6	23	34	43	42	41	45	37	43	43	65	52	46	27	547
Abgegangen Mich. 1864:	3	7	2	8	5	7	4	3	1	4	5	3	2	1	55
Frequenz i. W.-S. 64-65:	6	19	28	36	38	36	42	33	43	44	78	57	51	23	534

Auch den Tod eines Schülers, des Sextaners Eduard Schwinning, Sohn eines Fabrikbesitzers in Berlin, haben wir zu betrauern.

III. Lehrapparat und Bibliothek.

An Geschenken sind eingegangen:

1) Von dem Ministerium der Unterrichtsangelegenheiten das 4. Heft der „Denkmale der Baukunst in Preußen" von v. Quast und der 9. Band der „Denkmale deutscher Baukunst" von Dr. S. Förster. 2) Von dem ehemaligen Lehrer der Anstalt Dr. Jansen mehrere ältere Ausgaben von einzelnen Dramen Schillers. Wir sagen für diese Gaben unsern ehrerbietigen und herzlichen Dank.

Angeschafft sind: 1) Für den physikalischen Apparat: Ein Apparat, die Geschwindigkeit des electrischen Stromes zu beweisen, ein Barlow's Rad, ein achromatisches Prisma, ein Interferenz-Apparat mit Heliostat, eine Bohnenbergersche Maschine für Axendrehung der Erde, 2 Centrifugal-Apparate, eine Galileische Ebene, Atwood's Fallmaschine, ein Apparat zur Demonstration des Parallelogramms der Kräfte. 2) Für den chemischen Apparat: Eine Anzahl von Gegenständen zur Ergänzung. 3) Für die Lehrer-Bibliothek: Reichenbach, icones florae germanicae Tom. XXI, decas 5—11; Pierer'l, Encyklopädie mit Supplement von Karmarsch, Corneille oeuvres ed. Laveau-Martin 8 vol.; Frante, technologisches Wörterbuch, Band 2; Qualitative analytische Chemie von H. Rose; Histoire de la Reformation en Europe von Merle d'Aubigné 3 voll. Paris 1864; Müller, Etymologisches Wörterbuch der englischen Sprache, die Fortsetzung von Delius Shakspere; Hertig, Archiv und Ebert, Zeitschrift für romanische und englische Literatur; die laufenden Jahrgänge von Poggendorff's Annalen der Physik und Chemie und von Schlömilch's Zeitschrift für Mathematik und Physik. 4) Für die Schüler-Bibliothek: Das alte Mexiko von Th. Armin, das neue Mexiko von demselben, Memoires pour servir à l'histoire de Brandebourg; Diderot, le père de famille; Thierry, le bon Fridolin et le méchant, la chapelle du loup, le livre des petits enfans, les antiquités d'Herculanum, Delille l'Enéide, Dumas Napoléon, Scribe fils de Cromwell, bataille des Danes, diplomate, Augier Philiberte, Picard les deux Philibert, Jussieu Simon de Nantua, Journal illustré des familles 1, 3, Turgau les grandes usines de France 9 livraisons; The Boy's own Magazine, 3 Hefte, The last of the Mohicans, Life of Lord Byron, Little Jack, Emmert British Biography, Scott Mary Stuart, Milton's works 2 voll., Bullwer Athens 2 voll., Scott The Abbot, Harper's Monthly, 9 Hefte, Lowes Life of Goethe 2 Voll.

IV. Chronik der Saldria.

Bereits im vorjährigen Programme war es uns vergönnt, über die Beschlüsse zur Erbauung eines neuen Schulgebäudes für die Anstalt zu berichten und die reichlichsten Bewilligungen der Wohllöblichen Communalbehörden zu rühmen. Jetzt haben wir noch mehr Grund zur Freude und zum Danke. Früher war beabsichtigt, das neue Gebäude neben den alten Gebäuden zu errichten, welche an der äußersten Grenze der Altstadt liegen, entgegengesetzt der Seite, nach welcher die Stadt mit jedem Jahre ansehnlich sich ausdehnt, weshalb es auch die bis jetzt noch in der Neustadt belegene Vorschule nicht aufnehmen konnte. Nun wird die Anstalt an die Grenzscheide zwischen Altstadt und Neustadt verlegt werden, so daß sie den Schülern aus der Neustadt näher gerückt sein, die bisher örtlich getrennte Vorschule mit den Realclassen in demselben Gebäude vereinigen und an einem Platze stehen wird, wo das durch seinen Umfang wahrhaft imposante Gebäude, von der lebhaftesten Verkehrsstraße und einer der besuchtesten Promenaden aus sichtbar, der Stadt zugleich zur hohen Zierde gereichen muß. Die hierzu erforderlichen Verhandlungen mit dem im Testamente der verehrten Stifterin, Frau Gertrud von Saldern, geborenen von Hacken, bestimmten Curatorium sind von dem Wohllöblichen Magistrat unter Leitung des Dirigenten, Herrn Bürgermeisters Gobbin, mit der größten Schnelligkeit und Umsicht zu dem gewünschten Ziele geführt, die Pläne von dem Herrn Stadtbaurath Gussow unter reger Theilnahme der sachverständigen Mitglieder beider städtischen Collegien entworfen, die viel bedeutenderen Kosten, welche das neue Project erfordert, von der Wohllöblichen Stadtverordnetenversammlung bewilligt, der Bau wird nach Eingang der Genehmigung der Königlichen Aufsichtsbehörde sofort begonnen und sicher mit der Energie gefördert werden, welche in dieser Angelegenheit bisher bewiesen ist. Wir sagen den Wohllöblichen Communalbehörden, vor Allen dem Herrn Bürgermeister Gobbin, welcher jedes Hinderniß zu beseitigen gewußt hat, unseren ehrerbietigen und wärmsten Dank.

Noch haben wir den Wohllöblichen Behörden für die zwei Lehrern der Anstalt gewährten Gehaltserhöhungen herzlich zu danken.

Die im vorigen Programm angekündigte, durch den Austritt des Herrn Dr. Jansen und die Theilung der Klassen nöthig gewordene Vervollständigung des Lehrercollegii ist eingetreten. Vocirt sind von dem Wohllöblichen Magistrat als Patron und von den Königlichen Behörden bestätigt an Stelle des Dr. Jansen als ersten Collaborater Herr Dr. Steinhausen und für die erste der neu gegründeten Lehrstellen als dritter Collaborator Herr Dr. Pinzger.

Herr Dr. Friedrich Wilhelm Steinhausen, geboren zu Cüstrin am 14. October 1840, erhielt seine Vorbildung zuerst auf der Realschule seiner Vaterstadt, dann auf dem Joachimsthal'schen Gymnasium in Berlin, widmete sich dann auf der Universität zu Berlin dem Studium der Geschichte und der vergleichenden Sprachwissenschaft und erwarb nach beendigtem Triennium auf Grund einer Abhandlung über das Constanzer allgemeine Concil (1414—1418) die philosophische Doctorwürde. Nachdem er vor der wissenschaftlichen Prüfungs-Commission zu Berlin die Prüfung pro fac. doc. bestanden hatte, war er von Ostern 1863 ab als wissenschaftlicher Hülfslehrer an dem Gymnasium in Prenzlau thätig, bis er Ostern 1864 sein hiesiges Amt antrat.

Herr Dr. Paul Emil Pinzger, geboren den 5. October 1840, vorgebildet auf der lateinischen Schule der Francke'schen Stiftungen in Halle, studirte auf der Universität Breslau Naturwissenschaften, vornehmlich Chemie, und wurde auf Grund seiner Dissertation „de origine aetheris formici ex aethere oxalico" zum doctor phil. promovirt. Nach bestandener Prüfung pro fac. doc. war er von Ostern 1863 ab als wissenschaftlicher Hülfslehrer an der Realschule in Posen beschäftigt, von wo er Ostern 1864 in sein hiesiges Amt berufen worden ist.

Beide Collegen haben uns in diesem ersten Jahre ihrer Thätigkeit an der Anstalt reichlich Grund gegeben, dem Wohllöblichen Patron für ihre Wahl zu danken.

Die zweite und dritte der neu gegründeten Stellen werden versehen von den Candidaten des höheren Schulamtes Herrn Braun, welcher bereits als 5. Collaborator gewählt, aber noch nicht bestätigt ist, und Herrn Dr. Gödecke; die vierte wurde im Sommer von Herrn Dr. Pyllemann aus Berlin, im Winter von dem früheren Lehrer der hiesigen höheren Töchterschule, Herrn Meyer, verwaltet.

Am 10. Juni hatten wir den Schmerz, unsern lieben, schon mit Anfang des Semesters hoffnungslos erkrankten, Collegen Wilhelm Müplitz durch den Tod zu verlieren. Am 13. Juli 1834 in Neu-Ruppin geboren, hatte er sich in Potsdam und auf dem Königlichen Seminar in Cöpenick auf das Schulamt vorbereitet, dann 6½ Jahr als Lehrer an der höheren Bürgerschule in Neustadt-Eberswalde gewirkt. Das Lehrgeschick und die Treue, welche er in jenem Amte bewiesen hatte, war für den Wohllöblichen Patron unserer Anstalt Veranlassung geworden, ihm an dieser eine Lehrstelle zu übertragen, welche er von Michaelis 1859 ab trotz eines Halsleidens, das ihn schon in Neustadt einmal heimgesucht hatte und hier in verstärktem Grade wieder auftrat, mit gleicher Treue und reichem Erfolge verwaltet hat. Seine kleinen Vorschüler bewiesen ihm während seiner letzten langen Krankheit ihre Liebe durch ihre Besuche und die Erfrischungen, mit denen sie sich versehen hatten, und die Freude über diese rührenden Liebesbeweise der Kleinen, für die sein Herz in ächter Lehrertreue bis zu seinem Stillstehen schlug, erleichterte ihm, wie er öfter ausgesprochen hat, seine schweren Leiden. Welch eine Anerkennung sein stilles, anspruchsloses Wirken bei den Bewohnern unserer Stadt gefunden hat, zeigte sich nicht nur in der großen Betheiligung bei seiner feierlichen Bestattung, sondern noch über seinem Grabeshügel. Die Hinterbliebenen, Mutter und Geschwister, deren einzige Stütze er gewesen war, haben nicht nur seitens der Commune, sondern auch bei Privaten Unterstützung gefunden; namentlich können wir uns nicht versagen, dem Hutsabrikanten Herrn Christen, welcher aus eigenem Antriebe die Vormundschaft für die unmündigen Hinterbliebenen übernommen hat, und dem Herrn Banquier Gumpert für seine namhafte Geldspende hier öffentlich unseren Dank auszusprechen. Möchte sich in fortgesetzter liebreicher Unterstützung der Hinterbliebenen, die solcher noch sehr bedürfen, hienieden an ihm das Wort der Schrift, wie bisher, bewähren: „Das Gedächtniß des Gerechten bleibet in Segen." Droben aber wolle der Herr an ihm die selige Verheißung des Evangeliums in Erfüllung gehen lassen.

In seine Stelle ist von dem Wohllöblichen Patron berufen und von der Königlichen Aufsichtsbehörde bestätigt und hat Michaelis 1864 sein Amt angetreten: Herr Carl Mießner, geboren am 12. December 1841 zu Lohme in der Ostpriegnitz, in seinem Geburtsort und auf dem Königlichen Seminar für Stadtschulen in Berlin für das Schulamt vorbereitet, nachdem er von Ostern 1862 bis zum 21. Januar 1864, wo er als Reservist zu der Fahne einberufen wurde, als Lehrer an einer höheren Töchterschule in Magdeburg gewirkt hatte, dann von Ostern bis Michaelis 1864 an der hiesigen altstädtischen Töchterschule angestellt gewesen war.

Noch danken wir dem Lehrer an der altstädtischen Freischule Herrn Claßen, welcher uns im Sommersemester während der Krankheit und nach dem Tode des Collegen Mützlitz bis zu seiner eigenen Erkrankung treu unterstützt hat, und freuen uns seiner Genesung.

Am 8. September wurde das Abiturienten-Examen unter dem Vorsitze des stellvertretenden Königlichen Commissarius, Herrn Superintendenten Bauer, in Gegenwart des Ephorus der Anstalt, Herrn Oberpredigers Kollberg, abgehalten. Es erhielten das Zeugniß der Reife mit dem Prädikate „genügend bestanden":

1) Franz Krause, Sohn des hiesigen Schmiedemeisters Herrn Krause, 20½ Jahr alt, 8½ Jahr auf der Anstalt, 2½ Jahr in der Prima, welcher das höhere Forstfach studiren wird;

2) Carl Völcke, Sohn des Kunstgärtners Herrn Völcke in Rathenow, 20 Jahr alt, 5½ Jahr auf der Anstalt, 2½ Jahr in der Prima, welcher als Offizier-Aspirant der Artillerie in das Königliche Kriegsheer eintritt;

3) Georg Mertens, Sohn des Schulzengutsbesitzers Herrn Mertens in Möblich bei Lenzen, 4½ Jahr auf der Anstalt, 2½ Jahr in der Prima, dessen künftiger Beruf noch nicht feststeht.

Dem Dankgottesdienste am 18. December für die siegreiche Beendigung des dänischen Krieges wohnten Lehrer und Schüler der Anstalt mit um so höherer Andacht und Rührung bei, als wir dem Herrn der Heerschaaren zu danken hatten, daß von der großen Zahl ehemaliger Schüler der Anstalt, welche den Feldzug als Avantageure, einjährige Freiwillige oder Reservisten mitgemacht hatten, alle gesund und unverletzt heimgekehrt waren bis auf einen, vor längerer Zeit der Anstalt angehörigen, welcher verwundet worden war. Wir freuen uns, jetzt hinzufügen zu können, daß auch dieser bereits glücklich geheilt ist.

Am 16. März erfreuten wir uns des Besuches des Königlichen Provinzial-Schulrathes Herrn Gottschick, welcher an diesem Tage dem Unterrichte in fast allen Klassen der Realschule beiwohnte.

Zur Feier des Geburtstages Sr. Majestät im vorigen Jahre hatte der Oberlehrer Conrad die Festrede gehalten, in welcher er zunächst die Bedeutung der öffentlichen Feier des Geburtstages des Landesherrn hervorhob, dann, durch die Umstände veranlaßt, das Thema behandelte: Wie hat sich die christliche Kirche zum Kriege und seiner sittlichen Würdigung gestellt. Zum Schluß überreichte der Director mit einer Ansprache an die Schüler dem Primaner Georg Mertens das Exemplar des Bilderwerkes „Aus König Friedrichs Zeit", welches Se. Excellenz der Minister der Geistlichen, Unterrichts- und Medicinal-Angelegenheiten der Realschule mit der Bestimmung überwiesen hatte, es am Allerhöchsten Geburtstage dem Schüler als Geschenk zu übergeben, welchen das Lehrer-Collegium dieser Auszeichnung für würdig hatte. In diesem Jahre wurde der Geburtstag Sr. Majestät durch Gesang und eine Festrede gefeiert, in welcher der Collaborator Dr. Steinhausen ein Bild der Entwickelung des Preußischen Staates unter den Hohenzollern mit besonderer Berücksichtigung seiner Stellung in und zu Deutschland gab.

Bei dem öffentlichen Actus zu Michaelis wurden zum ersten Male Bücherprämien, zu deren Ankauf die Wohllöblichen Communalbehörden im Etat der Anstalt eine bestimmte Summe ausgeworfen haben, von dem Director an würdige Schüler mit einer Ansprache vertheilt.

Feier des heiligen Abendmahles, der Oster- und Michaelis-Censur, wie alljährlich.

Osterferien vom 24. März bis 7. April; Pfingstferien vom 14. bis 19. Mai; Sommerferien vom 3. Juli bis 1. August; Herbstferien vom 25. September bis 10. October; Weihnachtsferien vom 22. December bis 5. Januar.

Außerdem sind nur einige Stunden an dem Tage des feierlichen Empfanges der aus dem Feldzuge zurückkehrenden Truppen ausgefallen.

Das neue Schuljahr wird den 24. April beginnen. Zur Prüfung und Einzeichnung neu eintretender Schüler bis Quarta incl. wird der Director am Freitag und Sonnabend, dem 21. und 22. April, Vormittags von 8½ Uhr ab im Schulsaale bereit sein; die Prüfung solcher Schüler, welche in eine höhere Klasse aufgenommen zu werden wünschen, wird Sonnabend, den 22. April, Nachmittags 2½ Uhr stattfinden.

V. Oeffentliche Prüfung.

Montag, den 3. April,

Vormittags von 8½ und Nachmittags von 2 Uhr an.

Vormittag.
Choral.

Quarta Coetus II:	**Religion.**	Def. Collaborater Braun.
Quarta Coetus I:	**Französisch.**	Collaborator Dr. Walter.
Unter-Tertia:	**Latein.**	Oberlehrer Conrad.
Ober-Tertia:	**Deutsch.**	Oberlehrer Klausch.
Secunda:	**Mathematik.**	Professor Dr. Kirchner.
Prima:	**Geschichte.**	Collaborator Dr. Steinhausen.

Lied für 4 Männerstimmen.

Nachmittag.
Choral.

Vorschulklasse IIa:	**Religion.**	Lehrer Meyer.
Vorschulklasse III:	**Lesen.**	Lehrer Mießner.
Vorschulklasse I:	**Deutsch.**	Lehrer Reishaus.
Vorschulklasse IIb:	**Lesen.**	Collaborator Schirrmeister.
Sexta Coetus II:	**Rechnen.**	Collaborator Bode.
Sexta Coetus I:	**Latein.**	Collaborator Götze.
Quinta Coetus II:	**Französisch.**	Dr. Gödecke.
Quinta Coetus I:	**Naturgeschichte.**	Collaborator Dr. Pinzger.

Gesang: Ruhe in Gott.